НОВЫЙ
ШЕЛКОВЫЙ
ПУТЬ

大国之翼

"一带一路" 西行漫记

〔俄〕尤里·塔夫罗夫斯基◎著

尹永波◎译

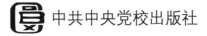

中共中央党校出版社

图书在版编目（CIP）数据

大国之翼："一带一路"西行漫记 / (俄罗斯) 尤
里·塔夫罗夫斯基著；尹永波译. -- 北京：中共中央
党校出版社, 2017.5

ISBN 978-7-5035-6105-4

Ⅰ.①大… Ⅱ.①尤… ②尹… Ⅲ.①"一带一路"
–国际合作–研究–中国 Ⅳ.①F125

中国版本图书馆CIP数据核字（2017）第085835号

大国之翼："一带一路"西行漫记

责任编辑	王 君　蔡锐华	
版式设计	尉红民	
责任印制	王洪霞	
责任校对	王 微	
出版发行	中共中央党校出版社	
地　址	北京市海淀区大有庄 100 号	
电　话	（010）62805830（总编室）	（010）62805821（发行部）
	（010）62805034（网络销售）	（010）62805822（读者服务部）
传　真	（010）62881868	
经　销	全国新华书店	
印　刷	北京中科印刷有限公司	
开　本	690 毫米 ×980 毫米　1/16	
字　数	225 千字	
印　张	19.5	
版　次	2017 年 6 月第 1 版　2017 年 6 月第 1 次印刷	
定　价	56.00 元	

网　址：www.dxcbs.net　　　　**邮　箱**：cbs@ccps.gov.cn
微信 ID：中共中央党校出版社　　**新浪微博**：@党校出版社

目 录

寻找新的经济发展引擎

中国正在全力以赴寻找新的经济发展引擎，这是 2016 年我在考察新丝绸之路最重要的区域——江苏、河南、陕西、甘肃、宁夏、新疆等省区之后产生的印象。

中国人对"西方"的理解与我们不同，对于中国人来讲，"西方"不只是充斥着一批又一批征服者的敌对区域，同时也是充满着梦想与浪漫，是新的发展空间和新的经济增长点。现在的中亚、波斯和印度许多不为人知的地区在古代都被称为"西域"。在西方，女神西王母统治着天堂，那里生长着"长生不老的仙桃"，驰骋着"天马"。中国古代统治者关注西方，派使者去那里寻找长生不老之药，更重要的是寻求战略盟友。正因为如此，中国的古代帝王开辟了通过费尔干纳盆地的通向古希腊王国之路。被汉武帝（前 140—前 87）派往西域的使臣张骞，经过 15 年的囚禁和在沙漠中的流浪，最终带回来信息，打通了通向中亚、西亚的一条横贯东西的通道，后也称为"丝绸之路"。值得一提的是，当时的京城长安即现在的西安，要比现在首都北京的

▲ 汉武帝开辟了中国同西方来往的丝绸之路（雕塑，西安）

位置更往西，这有利于促进中国与西域地区人民的贸易往来。

西汉之前的朝代秦朝（前 221—前 206），总的来说是由中国古代战国七雄中最西部的王国缔造的。它的统治者秦始皇指挥着比中原居民更善战的半游牧部族，击败了"纯汉族"的军队，首次统一了中国。

西汉时期的丝绸之路，不仅成为中外文化产品和贸易交融的典范，也成就了与异族人的血液的融合，与中国相邻的突厥人也发生了大规模的与中国人的联姻。反过来说，唐朝朝廷，它的贵族和军队，通常也不被认为是源于纯正的汉族血统，而是"胡汉的混血"。中国汉族和突厥民族的融合共生，不仅创造了"举世闻名的融合"，加快了新国家的发展，同时也帮助唐朝大力向西拓展——伟大的诗人李白，被称为"中国的普希金"，有一种说法李白就是诞生于伊塞克湖附近的

▲ 使臣张骞赠送邻国丝绸礼物（雕塑，伊宁）

中国军事关卡村，即现在吉尔吉斯斯坦的托克马克城。

西部地区流动性大，对于中国大多数朝代都是如此，对于经常进犯中国的民族国家来说也一样。元朝建立（1279—1368）之后，蒙古军队继续沿着丝绸之路奔向太阳下山的方向，直到喀尔巴阡山和黑海，征服了半个世界。300年后，只有50万人的满族部落夺取了中国明朝（1368—1644）的政权，之后又将清朝（1644—1911）的疆域扩大到新疆、蒙古、西藏。当然，西征首先就要通过丝绸之路的主干线。清朝统治被推翻之后，中国进入了军阀混战时期，西部边疆处于军阀控制之下，但仍是中国的一部分。

1949年中华人民共和国宣布成立后，形势日渐好转。苏联施以援手帮助建立新的工业部门、未知的科学和技术领域，改变了中国的面貌，同时也使西部省区焕然一新。但是稳定和发展的时间持续得不长，

▲ 20世纪50年代成为"开发大西北"的英雄主义和浪漫主义时期（浮雕，酒泉）

1958年开始"大跃进"，1966年在全国范围内开展了史无前例的"文化大革命"，中国西北部地区也未能幸免。

1978年以后，中国才回到了正常发展的轨道上。但是，前进的引擎最初在东部地区，那里建立了经济特区，吸引了来自中国香港、台湾地区，以及日本、美国和欧洲国家的"海归人士"，他们带来大量的资本和技术。

与此同时，中国西部，包括甘肃、陕西、青海、贵州、四川、云南，以及直辖市重庆和五个民族自治区（宁夏、新疆、广西、内蒙古和西藏）还笼罩着贫穷落后的阴影。这些地区的面积占中国领土的70%，但人口却不到总人口的30%，只有约15%的GDP。东部和西部省区发展不均衡十分明显，这也是危险的。

2000年，北京通过了"西部大开发"的战略计划。当然，在这个决定之前，中国西部已经有所开放、有所发展，譬如甘肃—新疆铁路、世界上第一条高山铁路——青藏铁路、甘肃省酒泉和四川省西昌的航天发射场、甘肃和青海的核研究中心、甘肃玉门油田和嘉峪关有色金属冶炼等。1992年底，集装箱车沿着"新欧亚大陆桥"（当时叫"新丝绸之路"）开始通过几个落

▲ 高速公路从古道穿过

后的西部省区,该路从连云港开始,经过郑州、西安、兰州、乌鲁木齐、阿拉山口,以及哈萨克斯坦、俄罗斯、白俄罗斯、波兰,直到荷兰的鹿特丹港口结束。

新的变化在发生

在中国,一如既往,首先成立一个特别工作组,由朱镕基同志领导战略的制定和执行。工作组吸收有经验的专家和地方政府成员参与制定了全面的长期计划,重点是发展通讯和电信、能源、防止环境污染等。正是那时通过了决定铺设上海—新疆的全长 4200 公里的天然气管道(新疆维吾尔自治区有全国三分之一的石油、天然气储备)、建设热电厂、供应东部省份用电的输电线路、长江和黄河水电站的整个网络。"人力资本"也不能忽略——支持现有的、创建新的高等教育机构、医院和学校。在第十个五年计划期间,到 2006 年前,基础设施建设投入已超过 1 万亿元。激励措施结出了硕果——西部地区接下来几年的 GDP 的平均增长率超过 10%,2004 年的 GDP 总量达到 3.33 万亿元,比 2000 年 1.66 万亿元多一倍。

还有一个冲击是 2008—2009 年的全球金融危机。中国领导层已决定为了应对金融危机,注入资金发展基础设施和住房建设。就在那时全国各地开始建设高速铁路和公路,其中有许多已经开通运营或即将上马:现代机场候机楼、火车站候车厅、大学城和校园、办公楼、博物馆、豪华酒店、城市与乡镇之间的完美的高速公路,西部省区一改旧日容颜。

离开陕西、甘肃 10 年后,再回到那里,我完全认不出来以前的老地方。几乎每个城市都出现了"开发区"，里面建了新的街区、新的住宅楼，从老区到开发区都有很好的路。靠国家和地方预算建起来的永久性基础设施也被大量私人投资所包围——高层公寓楼、购物中心。便捷的交通也吸引了来自国内外的新公司。

西部地区，对海外投资有很好的优惠政策——所得税减少15%，投资开放领域包括：能源、农业、服务业、电信业，创建项目工程和设计事务所、律师事务所、保险公司及其分支机构。外资银行有权用人民币结算。现在，来西部省区的外国人可以从事有重要战略意义的项目，如铺设管道以及铁路和公路运输。

值得一提的是当地政府提供的优惠措施，包括对进口材料和设备为期2—5年免征所得税。对自然资源的开发利用项目，减少注册费和土地租赁费。当世界还在谈论金融危机，应对经济衰退和停滞的时候，中国政府的激励措施和当地优惠政策的协同作用已经取得明显的成效，但最有趣的事情还在后面……

沿丝绸之路西行

在2013年秋天，中国领导人习近平提出建立"丝绸之路经济带"的倡议，这意味着将加快中国和丝绸之路沿线国家的共同发展。这一倡议很快就被另外一个题为"21世纪海上丝绸之路"所补充。这两项倡议是如此突然和规模宏大，令欧亚国家最初难以理解，甚至不信任，其中也包括俄罗斯。经过不长的时间，怀疑的眼光开始变成了赞许的目光。预测"历史的终结"的日裔美国哲学家弗朗西斯·福山称为双首创，简称为"一带一路"和"21世纪重大战略"。他在一篇文章中

▲ 习近平主席提出的新丝路的倡议广为流传(海报,伊宁)

写道:"如果'一带一路'能够实现中国设计者的愿望,那么整个欧亚——从印度尼西亚到波兰——一代人的生活都会发生改变。中国模式将在国外盛行,为沿线国家增加收入并因此产生对中国产品的需求。新的市场将取代世界其他地区停滞不前的市场"。

事实上,向欧亚大陆的邻国提出共同开发基础设施和工业项目的宏伟计划以后,中国已经从追求扩大产品销售转变为建立新的市场和扩大现有市场,他们已经在中亚国家、巴基斯坦、印度尼西亚和锡兰、希腊、匈牙利、塞尔维亚和白俄罗斯等国家,实现了在最优惠的条件下建设铁路和公路、隧道、水坝、科技园和自由贸易区。

在这方面,中国不强任何人所难,如果愿意——就加入,如果不愿意——请站到一旁,他们很快就会为所错过的机遇而惋惜。到 2016 年年中,同中国签署合同的国家超过 30 个,中国同 17 个国家建立了

46个合作领域。不久前为投资"一带一路"项目而建立的亚洲基础设施投资银行，有57个国家加入，注入资金1000亿美元。中国宣布为实现陆路丝绸之路和海上丝绸之路项目，预计注入资金1.4万亿美元。另一个新的金融工具——丝绸之路基金，400亿美元首先瞄准俄罗斯和中亚国家。资金已经被分发投资到俄罗斯广袤领土上的大型项目上。

美国及其欧洲盟友的政治力量、媒体和企业界时而公开、时而隐晦地批评中国的这一倡议。质疑北京，要么利用高效经济来"殖民"俄罗斯，要么利用我们的自然和人力资源来预防"似乎见底"的中国经济不可避免的崩盘。"反华集团"在权利金字塔上各层都能有效地游说，以延迟俄罗斯同中国的双边合作，干扰落实普京总统和习近平主席会见时签署的新丝绸之路与欧亚经济共同体对接项目和近年来签署的其他合同。

"丝绸之路"拼图如何拼

"一带一路"目前的状态就像一张大的"拼图"，现在需要把它们拼接起来。这里，中国的这一片在很大程度上已经拼接好了。我在完成中国的考察并参观完新丝绸之路的各主要站点之后，我对此就更加确信了。

在开始的时候，我看到了连云港巨大的海港，陆上和海上丝绸之路在那里交汇，"新欧亚大陆桥"的铁路和"西欧—中国西部"国际公路都从那里出发。在连云港港口，我还看到了为没有出海口的内陆国家哈萨克斯坦开设的专用码头。

在郑州市我看到了贯穿整个中国从北到南、从东到西的高速铁路和高速公路交汇于此。这里还奠定了"电子丝绸之路"的基础——电子商务物流终端不久前投入运营。在"陆港"我还看到了正在装载的集装箱,它们将通过哈萨克斯坦和俄罗斯发往德国汉堡。

在西安,两千年的帝都、古丝绸之路的起点,我不仅参观了秦始皇兵马俑,还看到了与欧亚国家互相往来的高新技术开发区和新的物流中心。

在甘肃省,集工厂、实验室和物流中心于一体的国际标准化科技园——"新甘肃"的发展速度是惊人的。在20世纪50年代苏联的帮助下建造的重型机器厂已经迁到新址,在新厂开始建设20个月后,工厂就投入了生产,油漆和颜料厂8个月以后即投入生产。这些工厂生产出来的产品已经出口中亚、中东国家,计划扩大出口到俄罗斯、

▲ 郑州新建的高速铁路车站

伊朗和东欧、西欧市场。

　　同样在甘肃，从西方向中国延伸着所有运输、石油和天然气干线，我到过这里的在开垦处女地的乡村，国家将山区和半荒漠草原的贫困农民搬迁到那里。在沙漠里我看到了成千上万风力发电涡轮机和太阳能光伏发电板构成实验性供电网。在古城武威，这个出土了著名的两千年前的青铜器"马踏飞燕"的地方，我参观了新建的核医学中心，这里的设备可以用重离子技术治疗癌症病人。从中世纪城堡嘉峪关的长城回来，在丝绸之路上，我还参观了能够添加稀土元素生产特种钢的冶金厂。在工厂酒庄的品酒室，我很享受这里不同寻常的红、白葡萄酒——葡萄园是在中亚和意大利大师的帮助下新建的。在有古老莫高窟的敦煌市，我为新建机场和丝绸之路国际文化中心的建设速度（8

▲　开封黄河大桥

个月）和建筑质量所震撼，这个中心有四座汉代建筑风格的石头宫殿，它在 2016 年 9 月举办了首届国际文化博览会"敦煌国际文化博览会"。

在与欧亚大陆八个国家接壤的新疆，我看到了在中国和哈萨克斯坦边境交界处新建的霍尔果斯自由贸易区。在新疆最主要的城市乌鲁木齐，来自东部沿海省份开发和生产的高科技产品的大企业集团和当地大公司，以及研发中心、实验室、风险投资公司和创业公司都汇集于此。新疆正在成为整个新丝绸之路的基础核心。

很显然，在加快"转向西方"的过程中，中国人并不打算白白地扔钱。他们一如既往地"摸着石头过河"。在建造新丝绸之路基础设施的时候，他们首先考虑到了工业中心之间的物流速度，考虑到中国越来越多的公民出行的便利——企业家、工人、学生、旅游者。在扩大高新技术和环保产品生产的同时，他们注重平衡东西部省份的发展水平。在与欧亚邻国合作的时候，中国人不仅力求进入他们的市场，还准备开放自己的交易平台，其中包括迅猛发展的电子商务。三年前"一带一路"倡议提出后，中国依靠自己的经验，复兴落后的西部省份，既努力扩大中国产品的市场，同时也力争做到与邻国共同走向繁荣。

中国西部省份的建设还远远没有完成。全国高速铁路和公路网尚未全部建成，新的科技园和自由贸易区还没有完全有效启动。大量的矿藏还没有开发。农村贫困问题、工业中心环境污染问题还没有得到完全解决。转向"西方"将延伸到中国境外，关键取决于中国国内自身发展得如何。然而，初步的建设和成就使人们有理由相信，中国的转向"西方"将真正成为"21 世纪最大的战略"，并且将彻底改变辽阔的欧亚大陆面貌，甚至在我们的有生之年都难以辨认。

第一章

连云港

新丝绸之路的起点

"连云港"这个地名中的每一个字都有其专门的含义。"连"有"连接"之意，取自临近海域最大的岛屿"东西连岛"的名称；"云"则有"云彩"之意，取自对面最高的山峰"云台山"的名称；"港"就是"港口"。三个字连在一起，就是"连接着云彩的港口"之意。事实上，许多世纪以来，正是连云港这个城市将中国各省以及周边国家，如朝鲜和日本，相互连接了起来。但是，这个港口城市能达到跨大陆连接的水平还是不久前的事儿。那是在2013年"一带一路"倡议提出之后。因为，连云港是陆上丝绸之路经济带与21世纪海上丝绸之路的交汇地。

不过，在两千多年的历史中，连云港曾经隶属于兖州、朐县、东海县和海州县，它的战略意义在古代就已经被清楚地认识到了。据《史记》中记载："公元前212年，在东海岸边的朐县立起一个石头标志，确立了这个地区的秦国东大门的地位。秦始皇初次统一了中国，按照当时的传统，他本人曾三次亲自到过他统治地区的最东部。在他之前，曾周游列国的思想家孔子也曾路过这里。秦始皇登上山顶，欣赏美丽的大海。在大汉朝统治时期（前206—220），东海凭借其重要的经济意义和战略意义成了当时的直辖县。在这里曾建筑了庞大的防御工事，部署大量武器。在唐朝时期（618—907），正是中国的国际贸易繁荣时期，海洲地区曾从这里将货物通过陆上丝绸之路和海上丝绸之路运出去。此外，海州还是伟大瓷路的开端。这里及周边地区陶瓷工人的作品沿着海路进入到东北的朝鲜和日本；向南进入南海国家、印度和阿拉伯半岛……后来的各个王朝也都非常珍视这里肥沃的土地和形形色色的当地产品。其中最珍贵的当属熬制海盐。17世纪末欧洲人到达中国，清朝政府在海州建立了第一批港口，用来与外国人进行贸易。

第二个春天

20世纪70年代末，中国实行"改革开放"政策，经济快速发展，进出口贸易迅速增长。连云港在整个中国重新获得了特殊的意义。在1984年，政府同意建设连云港经济技术发展特区，这里成了当时迅速发展起来的14个沿海开放城市之一。连云港重点强调要利用周边地区的巨大矿石和磷酸盐产地。况且，在1992年，俄罗斯和中国签订了政府间协议，决定建立田湾核电站。2005年核电站的第一个发电机组开始供电，不久第二个发电机组并入中国电力系统。期待2018年这个核电站的两个发电机组开始工作。田湾核电站是目前俄中经济协作中最大的合作项目。

交通，更确切地说是港口的发展，过去和现在一直都是该地区发展的重中之重。经过黄海，中国与日本、韩国之间的物流量一直在增加，而且，太平洋地区的供货让这里的物流增加了一倍。在中国，连云港不仅服务于江苏省自己的企业，同时也为相邻的河南省、山东省、长江三角洲、北京和珠江三角洲（广东）等地的企业服务。周边的赣榆港区、徐圩港区和灌河港区已经全面投入使用。2012年这四个港区联合形成海上交通港口群。港口群有52个码头、第6代集装箱终点站、集装箱装卸广场以及矿石、煤炭、粮食、肥料和其他大宗货物、液体化学药品装卸场所。连云港之所以能够吸引发货人,还有一个原因是这里有几条公路和铁路直接通向中国腹地。三条高速公路、三条国道和几条省道构成了便捷的公路网(五条南北方向,四条东西方向)。再过两年,在原有的铁路线上将加铺高速路段,使之成为经过徐州连接整个中国高速客运干线的出口,这样,高速铁路将从北到南、从东到西覆盖整个中国大地。届时,从连云港可以直达上海、南京和青岛。内河航运也不能错过发展机会,已经疏通的内河通道与京杭大运河连接起来,同时也与长江流域的各大河流、运河和其他水路连接起来。2014 年,连云港发运货物总量达 2.1 亿吨,发运集装箱数量超过 500 万吨标准单位。

　　港口管理人员给我讲述了这一切。一个管理人员俄语说得很流利。

▲ 新亚欧大陆桥零公里处　连云港

一开始，我们的谈话在一些信息牌前进行。信息牌上有地图、图表和照片。透过薄雾可以看到远处轮船的轮廓，旁边有起重机在工作，刚刚装满集装箱和一捆捆钢材的大卡车一辆接一辆驶过。后来，下起了淅淅沥沥的小雨，但这并没有影响我参观装运集装箱的铁路站台。沿路有一个车站，这是一个非常重要的车站。这里有几条平行铁路，在其中一条铁路的尽头，一架起重机正在挪动一个 8 吨重的集装箱。就在起重机的旁边我看到了一个纪念牌，一个 3 米高的拖着链子的钢制船锚立在铁轨上，在同样高度的黑色大理石台座上刻着金色的汉字，汉字下面是英文翻译："新亚欧大陆桥：0+000KM"。绕过这个零公里标志牌，我看到用汉语写的另一段话："新亚欧大陆桥。东起中国连云港，沿陇海铁路干线（兰州—连云港）和兰新干线（兰州—新疆），从中国的阿拉山口出境，穿过哈萨克斯坦、俄罗斯、白俄罗斯、波兰和德国，到达荷兰的阿姆斯特丹。大陆桥总长 10900 公里。这是最便捷、最经济的经由大陆从海洋到达海洋的交通路线，可以把它叫作'新丝绸之路'。1992 年 12 月 1 日第一组集装箱班列从这里开出。"

现代的铁路线被称作"新丝绸之路"很容易理解，因为它在中国路段与古代的商路重合。但是，为什么把跨大陆的铁路称作"新大陆桥"呢？原来，在中国，一般把西伯利亚大铁路称作"旧大陆桥"。这条铁路干线在 20 世纪初就确确实实已经成了亚欧之间的桥梁，成了太平洋和大西洋之间的桥梁。"旧桥"比"新桥"短了 1600 公里。在 20 世纪初的最初几年，"旧大陆桥"的支线中东铁路伸向南边通往中国。这条铁路在旅顺为中国打开了从太平洋沿岸通往西方的出口。但是，这条路只是对东北各省来说很便捷。此外，对新路线的需求还有政治上的原因，最初是因为与苏联关系紧张，后来在俄罗斯联邦出现了不稳定因素。

当时，在20世纪末，从中国的太平洋沿岸港口直接到达大西洋沿岸港口的设想已经初步实现。从连云港经过中国和哈萨克斯坦边界的阿拉山口到鹿特丹的第一列火车已经试运行成功。列车上挂着红色彩带和欢迎的标语。不久，试运行列车穿过了通向哈萨克斯坦的其他两个边境站霍尔果斯和喀什，试运行列车甚至越过了俄罗斯。2007年正式宣布在连云港和莫斯科之间开通直达国际列车。完全可以期待，距离连云港30公里处的田湾核电站二期工程完成，便可以使这条线路上的货流量大大增加。但是从黄河沿岸开出的少量列车多半还是要经过莫斯科直达更远的西方。

▲ 连云港哈萨克斯坦远程控制终端

在俄罗斯领导层对新丝绸之路还持有不同态度的时候，一件重要的事情发生了，中国和哈萨克斯坦成立了联合运输公司。2014 年习近平主席和纳扎尔巴耶夫总统在连云港宣布开通物流终点站。建设这个终点站耗资 6 亿元人民币。在港口专门为来自于中亚的货物开辟出一块场地，在这里完成集装箱的装卸，而且还开通了铁路支线。"连云港中哈物流公司"的大楼已经建成。总经理刘斌不慌不忙地在大楼入口处热情地迎接了我。他介绍说，这个公司 51% 的资产属于中国，49% 属于哈萨克斯坦。在一座两层楼房里有 210 名工作人员在工作，其中有 5 个是来自哈萨克斯坦的专家。我们穿过营业厅，那里有 20 台监控设备监视每一个集装箱的运行情况，从不同的方向传送场地的工作信息。现在，这个物流终点站的最大吞吐量达每年 41 万个标准集装箱。为哈萨克斯坦运来的粮食所修建的卸货场地不久之后即将完工。该项目进展的第三个阶段就是要考虑建设新的集装箱装卸场，甚至可以考虑建立报税仓库（暂时保管未经海关检验的商品的海关仓库）。

刘斌先生认为，中哈合作最主要的成就就是商品物流的速度明显加快。以前集装箱从连云港到哈萨克斯坦边境需要走 12 天的时间，而现在只需要 7 天。在中国领土上运货速度的加快提高了整个跨欧亚大陆桥的竞争力。现在，集装箱从中国运达鹿特丹或汉堡最快只需十三四天的时间，发货人需支付八九千美元费用。而走海路则需 40—60 天时间，但是费用则会减少到 3000 美元。刘斌认为，这方面存在一个最主要的问题，就是由于欧洲、哈萨克斯坦和俄罗斯经济上的困难，导致了货物不足。"现在每周只有两列火车发车。在 2015 年，从亚太地区经由哈萨克斯坦发运大约 25 万个集装箱，到 2020 年这个数字应该可以增加一倍。发往哈萨克斯坦的物流一直在增加。一般来说，集装箱主要发运中国、日本和韩国的汽车配件、电子产品和医疗设备。从哈萨克斯坦主要运来粮食和肥料。但是，尽管最近开始增加了从乌兹别克斯坦发运的货物，还是有一些集装箱空箱返回。从俄罗斯发运的货物就更少。连云港有着巨大的发展潜力，希望所有国家都能共同来利用开发！"在告别的时候，刘斌经理如是说。

欢迎加入"中国梦"

我们在市政府办公大楼吃工作餐时就连云港在跨大陆运输方面的潜力进行了交谈。这个政府办公大楼规模宏大，给我留下了深刻印象。同时，近几年由地方出资建设的新设施，如大学、博物馆、宾馆、车站，还有宽阔的城市街道和公园，也同样给我留下了美好的印象。给我印象最深刻的是"连云港花果山国际酒店"，其宏大规模更是令人震撼。酒店主要的大厅简直可以容纳一座五层楼房！大力开发建设城市的时候，开发商出资建设的居民区不甘落后。在开发区，一幢幢三四十层高的"铅笔楼"与宽敞的街道相互环绕。但在这里看不到像在中国其他地方那样的拥挤现象。这或许应该归功于城市的设计建设者和市领导们。

年轻的副市长胡文杰没让我们久等，在欢迎仪式后，我们立刻进行了轻松友好的交谈。他询问了我对城市和港口的印象，然后开始讲起了公路干线的建设，以此来作为对海路和铁路建设的补充。"最主要的公路是跨'西欧—中国西部'国际公路。这条公路从连云港到圣彼得堡，全长 8445 公里。这条路真正的起点不是在中国的西部，不是新疆，而是我们连云港。高速公路从这里通向郑州，然后经过西安、兰州和乌鲁木齐。在哈萨克斯坦境内道路已经修到了俄罗斯边境。至于俄罗斯境内的路段铺设情况会怎样，我们还不清楚。据说，现在俄罗斯面临很多困难……但是，他们会克服一切困难。要知道，'西欧—中国西部'国际公路既符合中国发展的需求，也符合俄罗斯发展的需求。不久前在中国成立的'丝绸之路基金会'和一些其他的基金会及银行都对习近平主席提出的建立'丝绸之路经济带'宏伟战略感兴趣，并且希望尽快实施这一战略。你们知道，现在我们整个中华民族都在准备实施一个长远的计划，即'中国梦'，而这一计划的其中一部分就是新丝绸之路战略。我们民族的梦想就是重新塑造中国的世界强国形象，使每个家庭丰衣足食。我也有自己的个人梦想，也可以算作整个中国梦的一个部分。我希望能在一个风和日丽的日子里和家人开车出发，慢慢地沿着丝绸之路去旅行。要知道，在丝绸之路上的某些路段已经修好了高速公路和高速铁路。我想看看中国的名胜古迹，看看现代化的城市。还想到哈萨克斯坦和其他古代商路经过的国家看看。当然，我还希望能去莫斯科和圣彼得堡。这个理想什么时候能实现呢？我希望在我退休之前。最好在'中国梦'计划完成之前。顺便说一下，'中国梦'这个梦想计划在2049年完成。跨欧亚大陆铁路桥和'西欧—中国西部'国际公路，以及正在研究建设的空中丝绸之路会给俄罗斯带来很多机会。俄罗斯在我们实现'中国梦'的过程中会获得很多好处。最主要的是不要错过这趟列车！"

继续西行

2009 年 4 月，时任国家副主席的习近平参观了连云港所有已经投入使用的或正在建设的工程项目。参观后，他说："孙悟空的故事如果有现实版的写照，应该就是我们连云港在新的世纪后发先至，构建新亚欧大陆桥，完成我们新时代的'西游记'。"

在这段充满文学意味的话语背后，藏着整段历史，更确切地说，是一部小说。这部小说叫《西游记》。小说中的一个主人公美猴王孙悟空就与连云港有着密切的联系。小说讲的是唐代僧侣玄奘沿着丝绸之路到西域，即西亚及印度地区取经的故事。作者吴承恩（约 1500—1582）在小说中给这个孤独的取经者找来了三个会施魔法的同行者：半人半猪的猪八戒、半人半魔的沙僧和半人半猴的孙悟空。

在小说家的笔下，孙悟空这个人物最惹人喜爱。在长达 4 个世纪的时间里，中国古典文学的爱好者们都对他的种种恶作剧津津乐道。

▼ 花果山公园入口

《西游记》也是人们喜欢的古代小说之一。孙悟空的生平要从连云港讲起，更确切地说，要从花果山说起。距离这座山不远的地方有个水帘洞。孙悟空在水帘洞操练一群当地的猴子。玉帝给这个猴王一个责任重大的使命。他赋予美猴王各种魔力。另外，还给了他一个魔法金箍棒，用以驱魔降妖，教训强盗，避免遭遇威胁。在中世纪，孙悟空就是很多故事和舞台剧中的主要角色。在当代，人们经常用带有美猴王故事的图书教孩子识字。而且还把他的故事拍成动画片、电影和电视连续剧。花果山如今也成了国家级旅游景区。在花果山上有庙宇、亭台和历史古迹。而在水帘洞的后面确实藏着一个著名的山洞。当时，孙悟空在他的长尾巴臣民的簇拥下，端坐在这里的宝座上。现在有很多的野猴在水帘洞打闹嬉戏，给游客带来无穷的快乐。

这位中国当代领导人酷爱引经据典，谈及孙悟空和《西游记》，以此向全国人民释放了十分清晰的信号。他提醒人们，佛教及其佛教文化经典最早来自于西方。他告诉人们，中国的丝绸、瓷器、茶叶、铜镜和玉饰在欧亚大陆（从罗马和拜占庭到阿拉伯半岛，从波斯到中亚国家）曾经被视如金子般贵重。习近平把连云港与大胆机灵的孙悟空相比，很明显，他希望这个港口城市以及发端于这个城市的新丝绸之路能够迅速腾飞，不拘一格地解决发展中出现的各种问题，完成新的"西游记"。

老实讲，中国整个民族都参与了这个"旅行"。2013年提出的"一带一路"倡议中的第一部分就包含了丝绸之路经济带。这远不止欧亚大陆铁路桥和"西欧—中国西部"国际公路。这里所谈的，也不仅仅是经济带的基础设施建设，经济带将刺激其周边的中国各省以及新丝绸之路广大地区和所有国家工业的发展。而且，由于开通了便捷快速

▲ 也许猴王孙悟空看起来就是如此

的交通工具，人们之间的贸易、科技文化交流和相互往来变得积极活跃。一些专门的财政机构提供的资金发挥着重大作用，如"丝路基金"（400 亿美元）、亚投行（1000 亿美元），还有其他一些中国国有或民营的金融机构。这里最明显的优势在于，经过不断尝试并已经得到证明，中国拥有先进的技术。就拿高速铁路来说，如今高速铁路网已经覆盖整个中国大地。

站台上停着"连云港—乌鲁木齐"的旅客列车，蓝色的车厢上写着"请到连云港——海陆丝绸之路交汇的地方""游神州，必到连云港"。列车的车厢从里到外都是经典的苏联样式，我曾不止一次地坐着同样的火车，坐在同样的车厢中沿着西伯利亚大铁路旅行。坐在列

▲ 连云港—乌鲁木齐列车沿丝绸之路行使，横贯中国

车的餐车里,一种似曾相识的感觉越来越强烈,这是真的。一些身着铁路制服的男列车员没有为我们提供肉丁辣汤和牛排,而是拿来一份份的中国套餐。套餐很贵,但是并不强迫旅客购买。餐车里乘客也不多。餐车最主要的功用就是帮你打发漫长难熬的时间。到乌鲁木齐有3200公里,普通快速列车需要运行47个小时。而时速300公里的高速列车要经过郑州,再从郑州到西安。从西安到兰州,在高速铁路路线示意图上就是一片空白了。而在兰州才有高速路直达乌鲁木齐。据说,再过两年,在示意图上的这片空白的地方就将建成新的高速铁路。现在从连云港到郑州这550公里路程我们行驶了整整9个小时。确实,新丝绸之路不仅仅是简单的交通动脉,它还是在欧亚大陆广袤大地上实现现代化生活方式的过程。摆在面前的任务很重!所有的人都有足够多的事情可做!

第二章

郑　州

神州大地的交通枢纽

火车从新丝绸之路起点连云港到达郑州晚了半个小时，离西方的圣诞节仅剩下 5 分钟的时间。走下俄罗斯式简陋拥挤的火车后，这里高大的火车站给我留下很深刻的印象。宽阔的候车大厅，旅客整齐排成左右两列，等候进入站台。节日的气氛让刚刚下车的我感觉如同在天堂一般。

　　从火车站到宾馆的路很漫长。汽车穿过隧道、高架桥，街道两旁挂满广告灯饰牌，把道路照得通明。即便是在夜里，我也同样能感觉到这个城市有多大。我的这种感觉在第二天早上的行程中到了证实。我们穿过了一个个新区，看到已经建成或正在建设的居民楼，广阔无边的工业企业和仓储机库。我们还路过了郑州日产汽车有限公司、一汽马自达汽车销售有限公司。"这里是俄罗斯 VI Hoding 公司，这个公司生产铝合金材料，是我们这个城市最重要的企业之一。"导游介绍说。我们经过的公路、立交桥和高架桥，有的刚刚开通使用，有的还在铺设中，我们来到了城市的东部。我们在一座新建成的高层办公楼前停下车，穿过企业的大门，来到了一望无际的工厂厂区。

▲ 投向新丝绸之路市场的郑州公交车生产线

　　宇通客车股份有限公司的产品早已闻名俄罗斯。公司于1963年由企业家汤玉祥创立,其前身是汽车修理厂。公司在国内市场已经站稳脚跟,从2005年开始进行汽车出口贸易。汽车在一开始销往古巴、委内瑞拉、秘鲁、苏丹、沙特阿拉伯、伊朗,以及中国香港和中国澳门,后来又出口到俄罗斯、法国、挪威、以色列和新加坡。现在其产品远销世界120个国家和地区。仅仅在2014年该公司就生产了61400辆汽车,包括普通型汽车、中档汽车和大型汽车,满足各类市场的需求,其中也包括公共交通用车、公路客运用车和旅游用车等。在办公主楼前面的广场上,他们向我展示了双开门城市公交用车,还有单开门公交车、学校用车、高级豪华型车辆,以及供旅游专用的"凯伦宾威"房车,还有各种新能源汽车。

　　参观完装配车间之后，销售部的工作人员向我们做了简短的说明。"'一带一路'倡议对宇通公司非常有利，"一位年轻的工作人员用俄语介绍说，他请我们称他马克西姆·周，"丝绸之路的实质，无论过去还是现在，一直都是商品的流通和人员的流动。而无论商品流通还是人员流动，最主要的还是要扩展。有了我们的豪华型汽车，旅游者和生意人会很舒服地度过路上的时间。我们的'凯伦宾威'房车对于一个家庭或者是一队记者来说也是十分理想的交通工具。等到'西欧—中国西部'高速公路铺设完工，那么坐汽车就可以直接从郑州到达圣彼得堡了。靠着正在运行的横贯欧亚大陆的铁路桥我们又迎来了新的机遇，可以将产品出口到中亚各国、俄罗斯和东西欧国家。通过连云港我们还可以利用船只将汽车运往东南亚各国、中东国家、非洲和美国。而通过郑州陆港我们可以把货物运往欧亚各国。"

贯通三大领域的陆港

　　陆港位于距离宇通公司不远的地方。与所有现代化的港口一样，首先映入眼帘的是一堆堆五颜六色的集装箱，一辆辆吊车在搬运这些集装箱，如同往来穿梭的集装箱船。但是却看不见真正的船只，看不见大海，也看不到河流。因为这里是陆港。我第一次听说这个奇怪的名字"陆港"还是5年前，那是在中国、俄罗斯和蒙古边界的满洲里。20世纪初，满洲里就以中东铁路而闻名。如果说郑州距离大海有500多公里，那么，满洲里到大海的距离要多出3倍。在中俄经济协作会议上时常会听到"陆港"这个词，而对于我这个生长在堪察加彼得罗巴甫洛夫斯克的人来说，开始确实很难理解这个新生事物。在莫斯科有人给我做了解释，说"陆港"就是所谓的保税海关仓库。这里暂时保管一些未办理海关手续的商品。

▲ 郑州陆港

现在在中国的其他城市也经常听到"保税仓库"这个词。但是，郑州陆港发展的速度是非常快的。这里有一些客观上的原因。首先最主要的一个原因就是这里地理位置优越。还是在 19 世纪末到 20 世纪初大建中国铁路初期，郑州就已经成为东西铁路和南北铁路的交汇点。在新中国成立之初，随着经济的复苏和快速发展，郑州的交通枢纽地位也越来越重要。从兰州（甘肃省）到连云港（江苏省）的陇海铁路和京九铁路（北京—香港）在此交汇，并以此为基础向各个方向开通了很多支线。正如我在参观"陆港"时他们向我介绍的那样,铁路示意图由最初的"十"字形开始,发展成像英国国旗一样的"米"字形。现在已经发展成通往全国各省以至于全世界的铁路网。郑州北站是全亚洲最大的列车编组站,郑州东站则是中国最大的货运站。位于市中心的郑州东站有很多趟客运列车直达北京和全国 25 个省区。

公路的发展也不可能绕过郑州。我们在高铁购票处购票时,旁边的年轻姑娘们为我们免费提供了市区地图。在这张地图上可以清晰地看到密密麻麻的高速公路和普通公路穿过郑州市区和城市周边地区。再仔细看,就能看出所到达的各个方向。所有的公路线也都是自西向东和自北向南。107 国道从北京通往深圳,京港澳高速路从中国的首都通到香港和澳门。连霍公路与古丝绸之路重合,从连云港出发,穿过郑州一直到达中国和哈萨克斯坦边境的霍尔果斯口岸。但是,再新的地图也赶不上铁路和公路的发展速度。如今铁路和公路都有新的货运和客运路线从中国通往更远的国家。大众传媒上经常说:"第一列集装箱列车从郑州发往卢森堡""'西欧—中国西部'国际公路中国段已全部通车""从郑州到合肥(安徽省)的高速路已经开始动工铺设"……

以郑州为中心的航空网建得稍晚一些,但是发展的速度是相当快的。新郑国际机场是中国五个最大的机场之一。在 2015 年机场客流量已经达到 150 万人。定期航班发往中国 40 多个城市。此外,还有30 条货运航线,其中包括 20 条国外航线。刚刚开通了第二个客运终端。几十个人站在登记台旁,几个穿着黑色制服的警卫,还有一些身披红色彩带的志愿者,他们为旅客提供讲解和必要的帮助。但是很快,大批周转的乘客涌进了现代化的航空港大楼。

郑州国际陆港就这样牢固地屹立在铁路、公路和航空这三个强大支柱之上。这个港口于 2014 年开始使用。港口是一个庞大的广场，四周有公路、铁路和机场。通过铁路、公路和航空把中国其他地区生产的产品和其他十几个国家的产品从四面八方运送到这里。这些产品被传送系统"流进"与"流出"。在郑州对这些产品进行分类，装车，然后再发往最终的消费者。他们还在以前没有到过的地方寻求客户，其中也包括一些更远的国家。就这样，一些河南省或其他周边省市运送过来的出口欧洲的商品，通过列车运往德国的汉堡。这列火车于 2013 年开通，从那时起到 2015 年底，国际列车已运行了 250 趟，运送货物 10.5 万吨，价值 12 亿美元。

从连云港开往荷兰鹿特丹的列车途经郑州。同时，还有由太平洋沿岸国家发出的货物集装箱也行驶在横跨亚欧大陆的"亚欧大陆桥"上。当然，列车返回时就会轻便一些，因为从欧盟和欧亚经济联盟国家出口到中国的产品要比从中国进口的产品少得多。郑州也正在解决这个本来不属于自己的问题。

电子丝绸之路

在我来郑州之前不久，"郑州—欧洲跨界电子商务平台"就已经投入运营。铁路公司已经开通了开往汉堡的地上路线，这次又在中国国内和沿丝绸之路国家开始运行物流链。如今发往西部的火车一周发车三次，而返回时因来自欧洲的货物减少，火车也减少至两次。铁路公司与海关工作人员合作，开设了综合展厅，提供更为广泛的物流。在这里，有来自中国、俄罗斯和法国的电子商务展台，还有加拿大、比利时、日本、马来西亚和韩国的大大小小的展览中心。商品有化妆品、服装和鞋帽、家用电器、儿童用品、药品和其他一些商品。这些商品专门提供给批发商和中小型网店的店主。他们可以组织订货，并在两周左右就可以收到批量产品。

紧挨着的就是零售大厅。这里有大量的来自俄罗斯的伏特加和巧克力、来自荷兰的牛奶以及韩国的果汁饮料。在高级"沃尔沃"和"玛莎拉蒂"轿车旁聚集了一大群人。由于是集装箱直接供货，再加上快速便利的通关手续，这些商品要比专卖店便宜很多。每一单少于500元的商品都可以不征收关税，超过这个价格就要征收10%的关税。暂时在这个跨界电子商务平台上还没有引起任何的利益争执，毕竟这个平台刚刚开通几个星期……但是在中国广大的范围内看，这样的平台如雨后春笋一般发展得非常迅速。根据商务部统计数据，2016年通过电子"柜台"进口的商品已达65000亿元，占整个对外贸易额的20%。当然，这么大的贸易额不仅仅来源于日用品，同时，电子商务中心还开通了其他方面的电子商务平台，比如钢铁、汽车制造产品等。特别令人振奋的是郑州陆港的开通和新丝绸之路的建立为俄罗斯的产品，尤其是绿色食品和中小型企业的产品提供了机遇！

不能错过新丝绸之路的机遇

在2015年年末，郑州暂时成了新丝绸之路的"首都"。俄罗斯、哈萨克斯坦、吉尔吉斯斯坦、塔吉克斯坦和乌兹别克斯坦的国家领导人受中国领导人的邀请来到郑州。上海合作组织的部长们在例行的会晤中谈到了基础设施的发展和跨国贸易的问题。部长们就加强现有铁路现代化进度和修建新的国际交通线（包括高速铁路和高速公路）以克服上海合作组织成员国的经济恶化的问题达成一致意见。现代化的基础设施有利于工业园区的建立，有利于调整各企业间的相互协调关系，交流工艺技术，同时建立新的工作场所。2015年普京总统同习近平主席提出了"欧亚经济联盟和丝绸之路经济带对接"的战略决策，这一决策有待于实施，而且要尽可能快地实施。世界的商业区在进行重新划分，而且他们不欢迎中国和俄罗斯加入，因此在这种情况下必须提前打算，采取措施，以保护我们自己的利益，保护友好国家的利益。将丝绸之路上的两个新的一体化格局连接起来，可以建立起史无前例的相互协助的基础设施和相互获益的经济带。在这个经济

▲ 免税店里的俄罗斯商品

带上一些古老的城市将重新焕发光彩,其中自然会有郑州。

中国历史学家对河南省省会郑州是否曾做过古代中国的首都这个问题没有形成统一的看法。但是与其临近的河南省的三个城市(洛阳、开封、安阳)在历史上都曾作为古代王朝的都城。也正因如此,当上海合作组织峰会在郑州举行时,这个拥有1000万人口和4000年历史的城市异常的激动和沸腾。所有部长们开会、休息和座谈的场所都在会议开始的几周前布置得如同博物馆一般。成千上万的人至今仍然还前来参观召开会议的会址、代表们的工作场所、办公室和部长们休息的地方,他们以上海合作组织的标志和各成员国的国旗为背景拍照。他们引以为豪的是,李克强总理邀请了各国部长来到郑州,而他曾在河南省担任过省委书记。当地居民还经常告诉你,少林寺距离郑州也不远,只有一个小时的车程。2006年俄罗斯总统普京曾参观过少林寺。

现在,郑州是拥有1亿人口的河南省的省会,其面积相当于一个大的欧洲国家,相当于两个法国。河南人很自豪,因为考古学家在郑州发现了隞都遗址。隞都是中国历史上第二个朝代商朝的一个都城。在河南省博物院有人对我讲,在1949年新中国成立后,有人提出把这个城市定为新中国的首都。对此河南人能说出很多的理由,比如说,北京与一些不安定的国家为邻,如俄罗斯、日本、朝鲜,还有蒙古,而且离大海太近,想当初,欧洲列强就是从海路进攻我们的。而郑州离海洋有550公里,从19世纪末开始这个城市就被称为"神州大地的交通枢纽",如今它又成了横贯整个欧亚大陆的交通枢纽。

在河南这片土地上,距离郑州不远就是三个古代中国的首都——洛阳、开封和安阳。它们能够成为当时的首都也不是偶然的。河南省的大部分地区位于华北平原,这里曾是中华民族和中华文明的摇篮。

▲ 郑州的"摩天塔"—— 绿洲中心大厦，是目前郑州最高的建筑

古代传说中的大多数圣人和英雄都出自这片土地，他们在这里建立功业。曾有大禹在此治理了当时经常泛滥的黄河。神农氏，也就是炎帝，在这里发明了当时最先进的种植术。距离郑州不远的新郑市是中华民族的始祖黄帝的诞生地。不久前在那里建立了一整套庙宇和宽阔的地

下大厅，以及容纳几千人的广场。每年 3 月，都会在广场上按照古老的仪式举行隆重的纪念活动。

炎黄祖先着眼于未来

两个巨大的头像，面孔严肃，蓄着胡须，如同从岩壁上探出头来凝视远方，这就是两个被认为中华大地最初的统治者黄帝和炎帝的雕像给我留下的印象。这两座雕塑并排矗立。或许他们曾兄弟般友好，也许他们曾互为敌人。黄帝是中原地区最高的统治者。黄色的帝王、黄色祖先、黄色的君主——代表黄色大地，而这片土地确实是黄色。黄帝教会他的子民制车造舟、建设道路、使用弓箭和斧头，以及用布制作衣冠。炎帝（即神农氏）是南部的统治者，他教会人们使用农具，并以此奠定了农耕的基础。因为他懂得用火，故被称为炎帝。他帮助人们制伏了火灾。

黄帝和炎帝的统治已相当久远，所以关于他们事迹的叙述，现实与虚构交织在一起，形成了神话，成为具有 5000 年文明的中国历史的基础。在俄罗斯和其他欧洲国家神话的统治者都无法比较年龄。所以我们很难理解黄帝和炎帝到底是中国的皇帝，还是中国万神之中的两个圣神。

每尊黄帝和炎帝雕塑像都高 51 米，而石头底座高度还有 55 米。雕像和旁边的纪念馆建了 16 年，2007 年开始交付使用。巨大的浅浮雕像与美国的拉什莫尔山上美国历任总统的雕像相似。在雕像的底部是宽广的广场。在广场的两旁分列着几个有几人高的铸铜大鼎，悬挂着让人印象深刻的青铜大钟。有几个用白色大理石铸造的祭坛，供参观者燃香祷告。祭坛边上铺设一些大理石石板，上面刻着不同的图腾，象征着中国不同的民族。中央是汉族图腾的石板，旁边是回族，然后是维吾尔族，等等。黄帝和炎帝是所有 56 个民族的祖先，是全中国人民的祖先，他们把 56 个民族团结在一起，形成一个统一的国家。一些历史人物、智者和学者的塑像一排排展现在两个古代帝王雕像的对面。从远处看很像是用大理石雕刻而成，但是来到近前才发现，原来是用塑料做成的。这种材质不易保存，已经出现了被损坏的痕迹。也正因如此，使我对这个宏伟的广场建筑的印象大打折扣。但是，走上广场，顺着炎黄二帝的目光远眺还是很值得的……

▼ 来自全国各地的人们朝拜传说中的黄帝和炎帝

黄河——中国的母亲河，还是灾难河

黄河在郑州这个区域，水确实是黄色的。河水在流淌过程中夹带着类似黏土的黄土。这种黄土是华北平原特有的一种土质。华北平原是中华民族（黄色民族）的摇篮。所以，中国人自豪地把黄河称作"母亲河"。它为庄稼人提供灌溉用水，丰腴的河底淤泥是很好的肥料。但是，母亲也有生气发怒的时候，众所周知，黄河曾多次引发洪水，淹没了周围的城市和村庄，成千上万的人被洪水淹死。所以，黄河还有另一个绰号——"中国的灾难河"。

在中国古代神话中，洪灾是个主要题材。有一个叫鲧的黄帝的子孙，试图阻止洪水的泛滥，用一块块神奇的黄土修建了高高的大坝。传说中，一小块黄土可以变成高大的堤坝。但是，洪水依旧会到来，土地依旧被淹没。人们还是要忍受饥饿的折磨和水中怪兽及野兽的侵犯。最后，鲧被处死，他的儿子禹受命继续与洪灾作斗争。禹被视为治水英雄，被尊称为大禹。大禹分析了父亲的错误，选择了另外的一条治水之路。他没有堆筑堤坝，而是修改了河道，修建运河。一条黄龙前来援助，它在前面爬，而用自己坚硬的尾巴画出了深深的沟作为引出黄河水的支流路线。它的后面跟着一个神龟，神龟的背上背着绿色神土。大禹治水成功了，洪灾不再发生，大禹也成了皇帝，是传说中中国第一个朝代——夏朝的创始人。

但这只是一次较大的胜利，而不是最终的胜利。5464公里长的黄河又多次冲出河岸，淹没了两岸大片的土地，甚至改变了原有的河道。据统计，从公元前2540年到公元1946年，黄河上共发生了1593次洪灾，26次改变了河道，而且有9次是彻底地改变了原来的河道。在后来的

70 年里，政府花了大量资金成功阻止了 12 次洪灾，保护了 12 万平方公里的土地免遭淹没，使两岸 1.2 亿人口免受洪水的威胁。引发这些灾难的原因并不是这个世界上第五大河流本身的恣意妄为，而是因为在它的中游河底覆盖着一小部分的黄土。这些黄土填满了河道，有时还可以形成一些小岛，周围一些地方的河道高度达到 10 米。所以河水有时会冲破几个世纪以来建成的长达 5000 公里的大坝。

顺便说一下，黄河时不时地会成为中国的灾难，也有很多是人为的原因。还是在战国时期，相互交战的双方将领命令军队毁掉大坝，来淹没敌军的城堡和土地。所以交战双方在进行和平谈判时专门商议不破坏大坝、运河和其他的保护黄河的设施。但是有时军事上的诱惑是相当大的……最后一次大坝被毁发生在 1938 年。在抗击日本侵略的战争中，中国指挥官炸毁了距离郑州不远的一处大坝，结果有 5.4 万平方公里的土地被淹没，很多日本兵被淹死。

气垫船沿着黄河边缘滑行，不用太费力就碰到了河底浅滩。河岸很低，只有二三十厘米高。河水浑浊，呈褐黄色。覆盖在浅滩上的风干的黄土就像沙漠里的沙子，大风把黄土堆成了一座座新月形沙丘。一些当地居民带着孩子在骑马，孩子们高兴地尖叫着；还有一些汽车驾驶爱好者，把吉普车开到最大速度，疾驰而过，在转弯处卷起沙尘飞扬。

只要仔细看一看浅滩上的黄土就能明白，这些黄土是不久前被从河底带上来的。以前的河岸还隐约可见。河上没有船只，只有几个气垫船和远处的一个橡皮艇。这也是可以理解的。船上的人不是来打鱼的，他们在拍照。唉，黄河上，包括这个河段在内的许多河段已经不适合航行了。而且河水的三分之一都已经被污染，不适合居民的日常饮用,就连农业灌溉和工业生产都不能用。气垫船沿着另一边的河岸返回,岸边是山岩,在岩石顶上就是黄炎二帝雕塑前的那个观景广场。再低一点就是一座横跨黄河的桥梁。看得出,这座桥刚刚建成,可能还未开始使用。一部分高高的混凝土桥墩坐落在沿岸的浅滩上,整座桥跨过平稳宽阔的水域延伸到隐约可见的对岸。更远处还能看见一座传统桥的轮廓。这可能就是一张很有名的照片上出现的那座桥。那是1952年拍摄的照片,照片上毛泽东坐在现在矗立着炎黄二帝雕像的那个地方,若有所思地望着远方,望着前方黄河的转弯处,望着这座跨河大桥。通常这张照片都附上一道毛泽东的英明指示:"要把黄河的事情办好。"

第二天我乘坐"郑州—北京"高速列车以每小时300公里的速度向北驶去。途中跨越了那座2010年建成的新桥。这座桥较低的一层专门行驶高速客车,把北京与中国南方的特大城市广州连接起来。而较高的那一层供货车行驶。就在黄河岸边,在郑州这个"神州大地的枢纽"处,古老的中国、崭新的中国和现在高速发展的中国融合在一起了。

第三章

安阳和开封

地下王朝的入口

在中国的许多地方都能感觉到历史的气息：宁夏和甘肃长城的残垣断壁；西安的秦始皇陵兵马俑和北京附近的明代帝王陵；广州和南京海上丝绸之路船舶的残骸；在伟大丝绸之路绿洲中发现的大胡子大鼻子的骑兵、令人生畏的护墓者，以及乌鲁木齐和兰州博物馆里展出的舞娘等各种精美雕塑……

这份清单几乎可以无限期地继续列举下去。但是在中国有这样一些地区，那里吸引你的不仅是雄伟的古建筑，还有人类用双手和智慧创造的地下奇迹，尽管它们经过几个世纪后已经进入地球深处。河南省就是这样的地方之一，它是中华文明的摇篮。在这片土地上，在几千年的历史长河中产生了也消亡了无数的诸侯国、王国和帝国，无数的猛将和士兵在此浴血奋战，缔造了辉煌的思想家、艺术家和建设者。在这里，甚至是在城市街道上，都经常会有这样的念头，你的脚下可能就埋藏着无价之宝，值得用铲子挖一挖，看看能否从地下挖出值得博物馆展出的物品。在我参观完河南省的这些都城之后，这种感觉更强烈了。

安阳——象形文字的故乡

我们顺着斜坡来到地下博物馆。一定要慢慢地走——大理石上的表格用降序方式标示着各个文化层。瞧，这是离地面不太远的地方——距今只有一千年——北宋（960—1127）的表格，再几步，发现自己已经来到了唐朝（618—907）——丝绸之路兴盛时期。再继续我们已经深入到相互激烈的南北朝时期（420—589），这是一个"大混乱时期"。这里是另一个伟大的时代——汉朝（206—220），正是在这个时期，在商贸城市与绿洲之间的道路上，诞生了从中国到西域（即当今的中亚和印度地区）的商队之路。再走几步，另一个千年不见了。中国第一个皇帝秦始皇历时30余年的统治，居然没有得到一个单独的板块，尽管在那个动荡的时代摧毁和建立统治并不少见。那边有周代（前1046—前256）的板块，伴随着不断交替的兴盛与衰落，它走过了近千年的风雨！"时空机"驶向旅途的目的地，我们也来到了殷商时期（前1600—前1046）。大约公元前1300年商王盘庚从奄（今山东曲阜）迁都于殷（今安阳市区小屯村），安阳遂为殷商国都。

"欢迎来到殷墟博物苑，欢迎来到殷商地下都城——殷！"导游向游客致欢迎词，"殷商的存在一直都被认为是神话，直到1899年在安阳附近的小屯村发现了整个商王朝后半期200多年的都城——殷的遗址。发掘工作是在发现的30年后才开始的。后来逐渐明朗，殷作为商王朝的都城，历经了255年，直到被周王的军队摧毁。在此期间，更换了8代和12位君王。在鼎盛时期，城市面积达70万平方米。城市周围挖有很深的壕沟。考古学家发现了80个夯土和黏土的地基。地基上曾是王宫、家庙、作坊和祭坛。当时是用活人献祭的——都是奴隶、囚犯。考古学家还发现了一些皇家陵墓，里面有殉葬的士兵和战车旁边的战马。还有一些陵墓里殉葬的有成群的妻妾、大臣、护卫和侍者，以及奉君王遗诏应该陪葬的人，但一千年以后的秦始皇已经不用活人殉葬了，而是用黏土做的俑。墓葬中，科学家发现了一种祭祀用的青铜器，上面配有玉饰、精致的石雕和木雕。一个非常重要的发现是龟壳和牛骨坑，这些龟壳和牛骨是用于占卜和预言未来的，上面保留了至今发现的最古老的中国文字。"

人们敬畏地仔细看着那些在展柜里微弱的灯光照射下的龟甲和大型动物的骨头，上面有着用很难区分的潦草线条组成的一些图案。这

▲ 中国文字博物馆（安阳）

就是甲骨文，中国最古老的文字。占卜师或者叫巫师，把要问上天的问题都刻在甲骨上，问的问题可能是狩猎是否能成功，是否有必要去进攻邻国，是否会丰收，等等。之后把这些刻有卜辞的甲骨放在火上烤。龟甲受热会开裂，出现的裂纹就称为"兆"。巫师对"兆"分析，得出占卜的结果，并把占卜是否灵验也刻到甲骨上。经过占卜之后的这些甲骨也变得神圣起来，它们不会被丢弃，而是堆放在一个特殊的坑里，作为一种官方档案保存下来。

在展柜里可以看到一个长篇文本，记述了一些解密甲骨文的相当复杂的过程。古代文字与现代汉字对照表非常吸引我的注意——它们看起来是那么相像！在显眼的地方有一个展台上面用大字写着："在世界四大文明古国中，只有中国的发展从未间断过。"在附加的世界地图上，有四大文明古国的发源地：中国、古印度、今埃及和美索不达米亚（今伊朗和伊拉克地区）。在相邻的展台上是另一个题词："世界三大古文字体系中，只有甲骨文得到了发展，而且直到今天还在使用。"旁边列举了美索不达米亚楔形文字、埃及象形文字和中国甲骨文的样本。

在地下博物馆的一个大厅中傲然挺立着一个有四条腿的方形青铜器——巨大的，也是迄今在中国发现最大的青铜器——司母戊大方鼎。它上面有花纹装饰。但是，其他较小一点的青铜器内壁上有像儿童图画般的象形文字。这些青铜器有各种不同的形状和用途——有些是用于节日的宴席，有的是用作奖品。青铜武器上也有不同的文字。在一个单独的展厅展出的是战车，车上套着两匹战马，灵巧且耐用的车轮上已经使用辐条。所有的展品都独特而有趣，但不知为什么我特别想回到地面上，结束这世纪深处的旅行。在上面也能了解到象形文字的历史——发掘现场的展厅、公园的大理石柱子,上面到处都是甲骨文。

当然,你还可以去 2010 年开业的、位于安阳市内的中国文字博物馆,看看那里的甲骨文藏品、在纸张被发明前人们用来书写的竹签,以及写在丝帛上的书法名作。你可以到 4D 电影院里坐一坐,看看关于中国文字悠久历史的电影。这里堪称是个万能的、丰富的、现代的博物馆。但说实话,我对那个更为简朴的地下博物馆的印象更深刻,甚至数年后也不会从我的记忆里删除。

开封——历史的千层饼

开封是河南大地上的中国历史上另一个古都,在这里也能完成"世纪深处之旅"。为此,我们来到古城西门,与其毗邻的城墙被完好地保存下来。去往二层的城楼有一条很宽的缓坡便于车马行走。 就在城墙脚下,考古学家进行了发掘工作,看到被埋藏在地下的记录朝代兴衰的文化层。即使你扫一眼,你也能发现,城墙是由不同的人在不同的时期建成的。标注的历史日期证实了我的猜测。城墙下面约 3 米的部分——是明朝时期(1368—1644)建的,墙砖被时间"打磨"得相当粗糙。上面是清朝时期(1644—1911)"翻新"的城墙,砖块被一个接一个堆叠着,表面相当的平滑。被发掘的不仅是不同时期的城墙和斜坡,还有被埋藏于路旁的一座古墓。在宽阔的城墙上有几座炮台,从城楼上可以看到老城主要街道的全景。

但是即使有 700 年历史的城楼也只能反映古城历史的一部分。毕竟,最初的城墙和城楼距现在实在是太久远了——是一个令人起敬的年岁。 在西门城楼的小型博物馆里,我花了很长时间去研究像千层饼一样的开封历史文化考古图。在"千层饼"的最基础层是战国时期（前475—前221）。城市的主人和名称都换了，变成了国都，开始了其荣耀的历史。开封最早是在公元前364年（一说公元前361年）成为国都的，当时取名为大梁。对于并不强大的魏国来说，这座最重要的城市的意义就在于它靠近伟大的黄河，可以从黄河支流引出一些灌溉水渠。公元前225年繁盛的国家被来自西部的秦国军队所征服。秦统一全国后，开封同其他被征服的国都一样，不再是一国国都。这只是第一次，还远不是开封历史上最后一次变迁。

隋朝的时候，开封得到了复兴，当时在修建连接中国南北的京杭大运河。开封正好处于黄河和京杭大运河的交汇处，是运送大米和其他食品，以及调兵的战略要道。到了唐代，开封成为重要的贸易中心，但不是国都。博物馆的展品讲述了开封同丝绸之路的联系。丝绸之路以唐代国都长安（今西安）为起点，但将帝国的许多其他地方都吸纳过来成为"相关地带"。过了1200年后——在公元936年，开封再次成为国都。之后开封成为几个更迭朝代的国都——后晋（936—947）、后汉（947—950）、后周（951—960）。

北宋（960—1127）建立以后，定都开封（又名东京、汴梁），开封进入了历史上最为辉煌耀眼的时期。整个开封的历史，从最初的建立一直到宋朝初年，并没有留下太多历史痕迹，都已埋没在黄河淤泥之下——相应的文化层也就2米厚。但是在北宋时期的厚度足足有3米，说明了当时真正的繁荣。当时在开封附近有四条运河交汇于此，形成所谓"四水贯都"的局面，还有大约20个大型专业市场，手工艺、科学和艺术都相当发达。北宋时期，开封城由外城、内城、皇城三座城池相套，形成宏大城郭，到11世纪末期，人口已经达到100万。

一些历史学家认为，开封从 1013 年到 1127 年百余年里一直都是世界上最大的城市。人口密度大到当时已经出现了二三层楼的建筑，这在那个时代实属罕见。中国和外国的博物馆收藏的宋代绘画和瓷器的精美与品位都超乎人的想象。就宋朝国都本身而言，其幸存的文化瑰宝却没有这么多。其中包括"铁塔"，又称"开宝寺塔"，在开封被称

▲ 经历了战争和洪灾的开封铁塔

为"天下第一塔"。

事实上，"铁塔"并不是用铁建造的。因塔的外壁全部用深褐色琉璃面砖，庄重凝厚，元代以后人们俗称铁塔。铁塔是平面呈等边八角形的十三层实心塔（通常宝塔都是1、3、5、7、9、11和13层），高55.88米。它是一座仿木结构楼阁式佛塔，坚固的琉璃面砖瓦克服了木塔易燃的危险。特殊的琉璃给人以金属的错觉。琉璃面砖有不同尺寸。在大一点的砖上有美丽的砖雕图案——有安详的莲花佛、欢快的乐人与舞者，有空中飞翔的仙女。略小一点的砖，或光滑，或雕有各种璎珞瓜果。如果铁塔的门是开着的，你可以从里面的楼梯爬到塔顶。但运气不是每天都有，所以我借机还参观了铁塔周围的公园。柳树池塘、戏水天鹅，一盆盆、一罐罐矮木的花盆，遍布于传统的佛教寺庙和一些优美的亭台楼阁之间。这里曾经是庞大而丰富的寺庙建筑群，在1841年一次特大洪水灾害期间，与城市的其他部分一起消亡了。

在开封的最后一天

众所周知，庞贝古城被葬送于维苏威火山的喷发，永久地埋葬在厚厚的火山灰里。考古学家挖了几十年，才发现庞贝居民的遗骸和他们城市的遗迹。从本质上讲，开封是东亚庞贝。从西门博物馆文化层的图解里可以看出，在1841年，黄河淤泥冲破了堤坝并淹没了周围地势平坦的地区，当时的淤泥层达3米厚。据有关资料记载，当时全城37.8万居民中有30万人死亡！宫殿、寺庙、欣欣向荣的城市街道被完全吞没，如今变成了考古学家梦寐以求要挖掘的"文化层"。

黄河，这条有时被称作"母亲河"、有时被称作"灾难河"的河流，

▲ 几千年厚度的文化层（开封）

就在两个世纪前，在1642年，曾经造成过类似的悲剧。在文化层图解中指出当时的淤泥有2.5—3米厚。有史学家分析这次洪灾可能是人为的——当时明朝将领为了拦截李自成领导的农民军破坏了水坝。遭泛滥的洪水袭击后，这座城市被摧毁了，城里几年都没有居民。

持续了两个半世纪的明朝积累的文化层比黄河在1642年的洪灾造成的淤泥还要少1米。明朝之前的朝代，元朝（1271—1368）与金朝（1115—1234）起，留给后人只有一米的文化层。蒙古人和女真人，都是游牧民族，甚至曾被中原五朝轻蔑地称为"夷人"。然而，这些"夷人"都深知中原文化的成就，并将其为己所用。统一了中国的北部地区之后，女真人在汴京建立了自己的都城，其间统治者鼓励发展科学和艺术，并很快被中原文化同化了。

女子宗教学校，女校长

最初，占据了中原的城市并长期轻视汉族人的蒙古人也享受了更先进文明的成果。例如，他们甚至为伟大的丝绸之路带来了"第二次春天"。蒙古统治者保障了整条路线的安全，从本质上讲，丝绸之路已经是这个横跨欧亚国家的国内道路了。此外，他们千方百计地鼓励来自西方的商人和游客到东方来，到中国来。也正是在蒙古人统治时期，商人们从威尼斯来到中国，其中的一位就是马可·波罗。当时，外国人享受一定的特惠贸易，他们心甘情愿地担任了政府公职，去接近帝王的宝座。此外，元朝政府很少按照中国其他朝代的传统称自己为蒙古族国家，甚至鼓励其他邻国的居民大规模移民到中国。很多移民来自伊朗、印度和中亚的阿拉伯领地。在15世纪初著名的下西洋总兵正使郑和率领舰队沿海上丝绸之路出访，据说郑和的先世是西域布哈拉（乌兹别克斯坦）人。母语为波斯语和阿拉伯语的人试图在一些城市里定居下来，他们有的同胞和教友从唐宋时期起就已经在这些地区定居。很多穆斯林、犹太人和景教（基督教）教徒的后代都生活在开封，甚至今天开封还有这样的区域，它被称为"穆斯林"区。

穆斯林餐厅和纯正穆斯林菜肴在中国早已屡见不鲜。在许多城市甚至乡村也都有清真寺。在开封，我很快找到了一所女子学校——穆斯林学校，位于一个居民区的深处。在带有瓷砖镶嵌檐的木门上方有一块绿色牌匾，上面用金色的大字写着"铁塔三街清真女学"。门上有一个小窗口。我往里面看了一眼，敲了敲门，没有人应答。我拍了几张照片，正要空手而归，这时候有位老人走过来安静地站在不远处，询问我的来由。得知我是从俄罗斯来并在研究伊斯兰教在丝绸之路上的历史，该老人笑着说，他"是在这里维持秩序的"。

他打过电话以后，门被打开了，门后出现两位带着头巾的老年妇女。小院既不像清真寺，也不像学校。晾衣绳上挂着一些裙子，角落里放着拖把桶。但在入口处的柱子上写有题词："真主伟大！"和"一万次感谢真主！" 友好的妇女打开一个玻璃门，里面通向空空的大殿，她们告诉我，这里确实是穆斯林学校，3个小时后就开始5个传统祷告会中的一个，所以校长没在。之后让我了解到最有趣的是——校长，

▲ 开封铁塔三街清真女学

作为由当地妇女组成的社团的领导，居然也是女人呢！她们对我的意外感到惊讶，让她们更惊讶的是，俄罗斯生活着数百万的伊斯兰教教徒。对于阿拉伯语，对方知道的只有短短的祈祷词，但她们知道，她们的祖先是沿着丝绸之路来到中国的。当我问她们，是否听说过现在开封有犹太社区和犹太教堂，它们在丝绸之路繁荣的日子里曾经相当兴旺，穆斯林老人的回答是否定的。

新丝绸之路——开封的新希望

尽管黄河的上游修建了很多水坝以及三门峡水电站，但是水灾的威胁直到现在还像达摩克利斯之剑一样，挂在开封的头上。所以500万人口的古城即使在中国经济蓬勃发展的年代也没能成为大工业企业建设基地，只有中型化学和机械制造工厂，以及一些纺织厂。当地政府想办法利用开封光荣的历史发展现代产业，比如说旅游业。

不到最佳时期，开封不会对"地下中国"进行大规模挖掘的，"城市的父辈们"修复整理着历史名胜古迹，并创建历史题材的主题公园。在毁于洪灾的宋朝皇宫的原址上，建造了"龙亭"公园，园内再建造起仿古建筑、亭台和通往浪漫岛的小桥，尽管湖水几近干枯。在龙亭湖岸边每年都会举行菊花节，燃放奇妙的烟花。在剧院的舞台上，能够看到早在宋朝时期就有的那种古装的传统京剧演出。

在湖的对岸是中国翰园碑林公园，建于1985年，有丰富的书法碑刻。宋朝四大著名书法家——苏轼、黄庭坚、米芾、蔡襄的雕像，手持毛笔或书卷，站在路旁。人们从他们旁边匆匆而过，奔向展示现代大师作品的陈列馆。在池塘的岸边，书法爱好者们以低廉的价格，向围观游客显示着他们的才华,在宣纸上完成预定的作品。公园的中央堆起一座山,从山上流淌下来人工瀑布。旁边有一座三层白色大理石圆形建筑,很像北京的天坛。

再过一条街道那里还建有一个大型宋代文化实景主题公园——清明上河园。它以画家张择端在 12 世纪创作的写实画作《清明上河图》为蓝本,再现了宋朝时期国都人民的日常生活繁荣景象,以及汴河两岸的自然风光和民俗风情。这幅画是中国十大传世名画之一,画卷上

▲ 成为旅游中心的开封古都

的帝王印章，可以说明这幅画作得到几代君王的高度肯定。举世珍宝的画卷流传几个朝代，为众多帝王皇室和文人墨客所收藏，在上面的题字、题诗、题跋也不胜枚举。现在《清明上河图》收藏于中国最主要的博物馆——故宫博物院，几年才向观众展出一次。但是画作同尺寸的副本（528厘米×25厘米）、加盖邮戳的明信片、画作截图等在许多书店都有出售，特别是在开封，随处可见。据统计，画面里有814个人物，28条舟船，94只动物，170棵树木和30多栋房屋楼阁，还有20多件推车乘轿。由众多单个场景组成了整个全景。码头上停着帆船，满载货物的船舶勉强地漂浮在桥下。骆驼商队和几架牛车正在通过高大的城门进入城市。商贩挑着装满商品的扁担，新娘坐在花轿里被送往婆家。茶馆里的茶客在小桌旁谈论着新闻。三层楼的建筑里日子过得热火朝天——最下面是店铺，楼上有人从窗户里往外眺望观景。

闭上眼睛，仿佛12世纪宋朝国都就展现在你的面前。不久前动画大师创作了一个短片，使著名的画卷"复活"了。在网上它引起了极大关注，并被21世纪的中国人高度认可。睁开眼睛可以继续在开封清明上河园游览。游客可以从画卷上认出这些或那些街道。演员们在舞台上再现着古代的生活、古老的戏剧。骑手们按照中世纪的规则打马球。小吃店里人们穿着宋代的服装招呼客人，端上古代的酒菜。对纪念品商店的介绍不能回避，不带上点大大小小的纪念品是很难离开的。当然，这些记载着伟大的历史和由快速发展的旅游业所产生的"翻版"文物，吸引了来自中国各地乃至周边国家的游客不断前来。开封经济逐步发展，建起了宾馆和饭店，也创造出新的就业岗位。但是借助于通过开封市的新丝绸之路交通干线，开封将达到更高质量的发展水平。目前中国从北向南的高速铁路刚刚通过郑州。再过两三年从连云港开往郑州的客运和货运高铁即将经过开封。高速公路网不久也将国内旅游爱好者和国外游客快速而舒适地从北京、哈尔滨、广州、上海、乌鲁木齐和西安等地送到开封来。开封在 21 世纪的文化层将以自己的厚重和丰富的人工制品使未来的考古学家感到惊叹。

第四章

西　安

丝绸之路的起点和中心

举世闻名的丝绸之路与昔日被称为长安的伟大城市西安有着千丝万缕的联系。同样，丝绸之路与汉武帝也是密不可分的。

汉朝的第七个皇帝汉武帝统治了很长时间（前140—前87），他是一个明君。他在位的时候，农业蓬勃发展，商业发达，建设了许多新的街道和城市。汉武帝能征善战，无论东方还是西方都有他的征战部队。当时的中国包括目前的福建、浙江、广东，以及现在韩国的部分地区。在神圣的泰山，皇帝举行了隆重的封禅大典，向神灵祈求不朽。汉帝国北部和东部与强大好战的匈奴人部落接壤，多年来他们时而袭击汉人，时而又与他们和好。为了抵御匈奴，早在秦始皇时就将以前的长城连接起来，并继续修建新的长城。汉武帝继续修整巨大的防御体系。秉承"远交近攻"和"以夷制夷"的原则，汉武帝展开了积极的外交。他决定要结束匈奴和生活在更西面的月氏人的联盟，于是派了一个叫张骞的秘密使官出使西域。

张骞出使西域的最初阶段并不顺利，匈奴人杀了使团成员，张骞本人也被囚禁了10年。祸兮？福兮？张骞在被囚禁期间收集了大量关于"胡人"的信息，上至匈奴王庭，下至百姓日常生活的细节，他还娶了一个匈奴女为妻。张骞了解到了许多西域国家新的情况，中国人将这些地方称为中亚和印度。这些信息帮助他成功地逃到大宛（费尔干纳盆地）。从那里通过目前的乌兹别克斯坦和塔吉克斯坦的月氏边境，张骞踏上了回国的路。他再次被匈奴人截获，但这次他只被扣留了一年，之后设计逃脱，得以再回长安。皇帝奖励了他并赐予他爵位。

等待张骞的是再次出使西域——到伊犁河畔的乌孙国。乌孙国不仅在同匈奴的作战中成为汉朝最珍贵的盟友，而且他们将最快、最有耐力的"天马"出售给汉朝，大大提升了汉朝骑兵的作战能力。汉朝

▲ 在陕西省咸阳市兴平市的汉武帝墓——茂陵

使臣从乌孙继续前往西域其他国家。

张骞的这次出使更是硕果累累——乌孙派出使者前往西汉。张骞收集了大量关于邻国宝贵的信息，带回来许多未知物种和植物标本（其中的苜蓿是马最爱吃的），但更主要的是同西域的联系建立起来了。张骞所到之处建立起大大小小的驿站。中国的编年史记载："最大的使馆有几百人，但即使是最小的驿站也由数百人组成。一年里，有五六次，有时候甚至十几次远行。"张骞第二次出使带去丝绸、青铜镜等中国商品作为大使的礼物。在张骞之后，运输商品的货车开始行驶在这条成熟的线路上。

正如通常所说，张骞是"摸着石头过河"，他当年找到了连接大汉帝国与西域地区的贸易线路之间最短和最安全的路线。正是由于他的探险，中国同遥远国家之间的交流被开启，历时近两千年，甚至两千年以后丝绸之路仍然闻名于西方。

出人意料的是，对到西安的中国和外国游客来说，汉武帝有秦始皇的影子。但是，汉武帝在中国历史和世界历史上的贡献，使秦帝国缔造者短命的暴政在同汉武帝54年来卓有成就的统治对比下显得黯然失色。在1974年发现"兵马俑"之后，全世界都在谈论秦始皇，他在位30余年，而他的王朝，只存在了14年。当然，即使是出土的弓箭手的行列、长枪兵和战车足以令人印象深刻。发掘仍在进行中，我们可以期待更多的惊喜。然而，最大的谜团隐藏在那个埋葬秦始皇而且至今仍未挖掘的山丘下。

同样，考古学家也不敢挖掘汉武帝墓。如果说秦始皇的墓葬位于西安以东30公里处，那么汉武帝的陵墓则位于往北40公里处。这些墓地被称为茂陵，看上去是不同高度的山丘，其中，最大的山丘掩埋的当然是汉代最伟大的皇帝与丝绸之路创始人的遗体。没有人知道积淀了两千年的文化层下面埋藏的是什么。人们只知道土堆里面有类似金字塔的结构，因为千百年来埋葬习俗经常改变。虽然从秦始皇去世到汉武帝归天只隔123年，但在丝绸之路沿线发现的大量魔鬼造型，足以说明一排排黏土勇士无法保护统治者永远的安息。你可以期待发现其他新的物品，因为汉武帝末年与西域的贸易已经相当稳定。

踏穿丝绸之路的将军

贸易路线已初步奠定，它还需要得到必要的保护，以确保没有武装的货车安全。开拓者张骞称其发现的贸易通道为小径。之后，小径被"年轻的将军"霍去病的马蹄踏穿了。

霍去病18岁就成为中层骑兵军官，从此开始了他的军事前程，他很快就成为一个敢作敢为、勇猛且成熟的指挥官。在他23年短暂的一生中，他多次非常成功地抗击了游牧民族对汉朝的骚扰，追撵匈奴部落直到现在的新疆，他的战马饮过贝加尔湖的水。好战的将军不给匈奴喘息机会，重挫他们的主力，将他们向北驱赶至"河西走廊"（位于今甘肃省），直到延绵千里的群山峻岭让他们几乎无路可走。

河西走廊这一自然奇观其实是一个"瓶颈"，堵上它，就有可能中断整个丝绸之路的联系和贸易。汉武帝意识到这一点，为了巩固对战胜宿敌的胜利，他开始补建长城不完整的地段，还建了河西四郡，以保护能带来丰厚利润的贸易路线。即使在今天，新丝绸之路的公路、铁路、天然气和石油管道依然是沿河西走廊排列的。

公元前117年，年轻的指挥官霍去病死于疾病，奉汉武帝之命，他被安葬在离为皇帝预建陵墓不远的地方——这是何等高的荣誉呀！
在葬礼仪式上,士兵从长安宫殿一字排开直至这位匈奴征服者的墓地,
大家都认为是汉武帝亲自设计了整个葬礼仪式。

今天"年轻的将军"的陵墓看上去就像一个公园:一个小殿堂、
精美亭台、博物馆、莲花池。引人注目的是高约 1.5 米左右的整块花
岗岩石刻,雄壮的战马脚踏被征服的匈奴。再远一点是一些马、牛的
石雕。这里有鱼和蟾蜍、哈哈大笑的石人、人抱熊、大象和骆驼,每
一件被奇迹般地保存下来的雕刻都具有中国国宝级地位。

纪念馆前方是个不高的土冢,其内部显然是"金字塔"和英雄的
坟墓。墓冢前有 10 米高的细长青砖碑,碑上有瓦片搭成的飞檐屋顶,
下面题有霍去病死后的封号。这里不仅有"年轻的将军"为其效忠的
汉朝皇帝授予的封号,还有许多后续朝代帝王赐予的新封号,而目前

▲ 霍去病墓前石雕马踏匈奴

的纪念碑是最后的朝代清朝建造的。纪念碑下面放有白色和黄色的菊花，这是中国表示悼念的花束。古墓的顶部建有一个清雅的凉亭，亭子的柱子上用金色的大字记载着霍去病的功绩：征服西域的土地，保护了丝绸之路。

汉武帝的后人，汉朝的其他皇帝继承了汉武帝开辟的发展丝绸之路的伟大事业。为了使外族部落首领顺从，需要进行一些大的军事远征，花巨资巩固城墙、堡垒和军事据点，而且同西域国家进行贸易所带来的利润也是极其可观的。丝绸、青铜等产品的出口刺激了在中原许多省份的生产。运往中国的不仅有"天马"，同时还有珍贵的玉石、葡萄酒和异域的水果。与众不同的服装、舞蹈、乐器变得时尚起来。中国人了解了前所未闻的佛教、琐罗亚斯德教和摩尼教教义，接触到了帕提亚、印度、罗马帝国伟大文明的工艺。

丝绸之路有助于巩固和繁荣汉帝国的发展，但却无法阻止由朝代更迭引起的衰退。宫廷叛乱、苛捐杂税引起的农民起义导致了汉王朝的崩溃。帝国四分五裂，贪婪的草原部落又横行在边界和贸易路线上。贸易线路的中断使丝绸之路也不能不受到影响——它被荒废掉了，好在时间不长。

绵延千里的甘肃河西走廊，在这条中国土地上的贸易动脉沿线开始出现小的甚至大的国家。他们维持了西域同中国丝绸生产地区的贸易流转，保护自己地段贸易安全并收取费用。河西走廊大多数的国家都保留了中华文明——只有王室成员和他们的后代才能成为国王，宫廷里和城市里住的都是汉人或汉化的胡人。农民和手工业者从动荡不安的中原举家迁往稳定的汉语区，迁居的还有学者和僧侣。

长安，东方和西方之都

仅仅经过了 400 年，中国丝绸之路就迎来了"第二次春天"。在 7 世纪初，唐朝开始恢复了王朝的稳定和统一，也将丝绸之路转变为国家富强的基础，并使其在世界历史长河中熠熠生辉。而丝绸之路本身也使唐朝的国都长安，今西安，变成了巨大而繁华的城市，是当时全世界最大、最富裕的城市。

在 10 世纪初，如同 700 年前的汉朝一样，唐朝国都再次沦陷，叛军将其夷为平地。但是，被考古学家发掘的无论是留在地面上的，还是保存到地下的东西，都会引起人们的赞叹。隋朝的国都不是建在空地上的——再度统一中国的隋朝（581—618）在自己短暂的统治里恢复了农业和手工业的发展，恢复贸易，开始重振城市。确实，隋朝的国都叫大兴城，当时大兴城并不想建在汉朝因长期动荡不堪而夷为废墟的首都长安，而是决定在长安的东南方向——哪怕不太远的地方，也就是说，要从头开始。京城被设计得很具有帝国的气势，主街道呈 155 米宽就足以显示这一点。它完全可以被称作长度为几公里的广场。大兴城占地 84 平方公里，居民有 80 万—100 万人。唐帝国享誉盛名的古都长安就是建在大兴城的基础之上。

有趣的是，这一时期最奇迹般地保存下来的建筑遗迹，大多数都与丝绸之路相关。其中最主要的是大雁塔，它建于 652 年，是一个叫玄奘的高僧从印度北部佛陀的故乡带回来的佛教经典的藏经库。他复制了汉朝使官张骞的壮举，完成了多年沿废弃而又充满危险的丝绸之路的旅行（629—645）。

小雁塔（建于 707 年）也记述了唐朝时期佛教的繁盛，汉朝时期佛教通过丝绸之路被传到中国。唐朝政府允许信仰自由，大秦寺的建造可以说明这一点。据推测，这最初是景教教堂，基督教的一个分支。从小亚细亚和罗马帝国的基督教领地来的商贩和旅行者可以吃住在大秦寺的寺庙里。

长安的穆斯林要比基督徒多得多。他们的商队来自不同的阿拉伯地区和中亚的绿洲国家。在长安的回族聚居区建有清真寺，这个清真寺现在还在使用。

丝路精神在此永生

长安乃至整个大唐帝国的昌盛，很多都依赖于丝绸之路的贸易。从皇宫为中心向两侧分出两条国都的主要街道，形成两个巨大的市场——东市和西市。活跃在西市的是来自西域的商队，以及他们的商棚，他们翻越群山、穿过沙漠，带来了西域的各种商品：玻璃器皿、镀金银器、各种珠宝首饰。他们旁边是来自遥远国家的工匠，他们在自己的作坊里进行着不寻常的和受欢迎的现场制作项目。这里还为游客提供了旅馆、商店、酒馆。

在东市上出售的是来自中国各地的商品，它们也将被运往遥远的西方。有来自江西的日用陶瓷，四川的丝绸，郑州的盐、蔗糖、药品、珠宝首饰、兵器……卖茶的有好几排商铺。同丝绸一样，这种商品非常珍贵，它要缴特别的税，如果走私则将被处以死刑。丝绸之路沿线国家对中国印章的需求一直不减，印章不仅可以代替签名，还可以体现出官员的等级和商人的富裕程度。通常认为，无论是在东市还是在西市找不到天朝大国没有的东西。从那时起"物品"在汉语中就被称

▲ 西安大唐西市丝路风情园的骆驼商队雕塑

作"东西"，既东（市）和西（市）。

随着唐朝的衰落，907 年在两大市场的交易也停止了，东西两市也被逐渐新建起的店铺、房屋和其他设施所取代。当前的西安政府，花了很大的力气清理出至少三分之一的老西市。现在"大唐西市"的购物娱乐广场是一个由花岗岩石板铺成的大广场。它的两侧都是3—4 层楼的布满"古董"柜台的商业区。中央展厅是一个三层"宝塔"，它连接着过街天桥与一些类似丝绸之路边境要塞的瞭望塔形式的建筑。在"宝塔"前面立着一个雕塑：在铺着毛毯的骆驼背上有一个"歌舞团"——在两个音乐家的伴奏下，舞蹈演员在跳着一种奇怪的舞蹈。这个作品经常出现在博物馆陈列柜里，展示考古学家发掘的唐三彩珍品。

还有一个纪念像，虽然小得多，却是中国钱币的象征。青铜圆片的中心有一个方孔，通过它很方便将线或绳穿入（实际上它的实用性不如它的象征意义大：圆代表天，方象征地）。在钱的一面有字，"通宝"两个字表示亨通，另外两个字记录皇帝在位期间统治的年号。新西市里有一个三米高的纪念币，上面题有"开元"——是唐玄宗皇帝的年号，玄宗皇帝在位统治很长时间——从 712 年到 756 年。 这样的硬币实际上是天朝的象征。它们不仅在大唐帝国流通，而且远在他国也备受欢迎。一千枚硬币串成一串，成为被接受的国际货币单位。硬币"钱"在欧亚许多国家的博物馆展出，它们是由收藏家珍藏的，而且互联网上有专门的博客介绍。在中国本土，有方孔的硬币已经不再使用，但在日本，他们仍然在生产。

内部建有"古董"展馆的是颇具现代感的购物中心。自动扶梯将顾客送到商店的每一层，所有商店出售的都是 21 世纪丝绸之路的商品 ——中国新疆的各种葡萄干，乌兹别克斯坦的印花青铜器，吉尔吉斯斯坦的毡帽。旁边还有古玩店、有丝绸之路风格的服装精品店。在购物街的一头是餐厅：有印度餐厅、日本餐厅，以及维吾尔族餐厅……在街道的尽头有一个白色大理石雕成的佛像——因为佛教是通过丝绸之路传入中国的，而这个学说的伟大导师也随着马帮和商人一起来到中国。

坦率地说，在新西市购物者并不太多。只是到了傍晚在宽敞的购物广场和购物中心里才出现了一群群人。但是，他们并不是购物者，而是来参加跳中国传统舞蹈和健身操的成员。伴奏音乐从便携式录音机里飘出来，几十位热情洋溢的成年舞蹈爱好者跳起了行进的脚步，变换着队形，挥舞着扇子、雨伞或各种颜色的彩带。年轻人也逐渐地增多。他们一组一组地坐在纪念碑附近，在喷泉附近的长椅上，围在一个来自海上丝绸之路的中国古代帆船雕像的底座周围，这里仿佛是车水马龙的街道上一个封闭广场。毋庸置疑，西市上的所有建筑都显得大气堂皇。音乐飘扬着，到处笼罩着节日的气氛。

　　但是到了钟鼓楼附近，你会更好地感受到丝绸之路的气氛。钟鼓楼是西安老城区的心脏地带，毗邻钟鼓楼的是很早就有而且一直保存至今的回民区。这里人山人海，来自全国各地及其周边地区的人们聚

▲ 中国回族的"拉面"

集于此，这里着实令人迷恋。烤羊肉串等各种美食散发出诱人的香味。香喷喷的羊肉挂在钩子上，有的已经被切得只剩下骨头。带着白色回族小帽的青年男子在展示拉面技艺——先把面团抻到双手之间的宽度，随后快速折叠，然后一次又一次地再拉伸，再折叠。年轻的女孩带着头巾，穿着长裙，她们严肃地打量着来店里的顾客，这里出售传统回族服装。

这里还有很多卖糖果、干果、传统商品、纪念品等各种小店铺……商店的入口、墙上挂满了用汉字和阿拉伯文字书写的各种漂亮的招牌。串在一起的广告横幅横跨狭窄的街道，各种颜色的彩旗迎风招展。嘈杂的音乐和商贩招揽顾客的吆喝混成一片。对我来说，这一切都充满了异国情调，但是步行穿过整条集市还真是让人有些疲倦。如果碰上一个经验丰富的向导，他会迅速带您穿过一条条平行的街道直抵回族区安静的中心——西安大清真寺。这个清真寺被认为是中国最古老的清真寺，始建于742年。

唐朝统一前，这里被中原国家轻蔑地称为"胡人的汗国"，而统治者和居民都不被视为真正的中国人。两个民族的交融，两种风格的文化——儒家文化与伊斯兰教文化的共存与相互渗透，这一切引起了中华文明与突厥文明的协同效应，不仅为一个新的王朝提供了良好的开端，也保障了后来的持续发展。有一个细节引人关注——当时在长安有一些学校，在那里读书的有许多可汗、可汗的后裔和大唐周边"胡人"部落的当权者。

军事上战胜对方后，唐朝加强了进一步的民族融合，也开辟了通往和平、稳定与繁荣之路。与东突厥的联盟有助于击败西突厥，唐朝收复了"纷乱时期"失去的领土，甚至扩大了疆域。丝绸之路沿线大部分地区，直到伊塞克湖都有中国驻军。对于商队来说旅行变得更便宜、更安全。远近国家的大使纷纷奔赴长安：克什米尔、印度犍陀罗王国、摩揭陀国，甚至是很遥远的锡兰。中国的史册上还有关于拜占庭、阿拉伯等国大使馆的记载……

同伊斯兰国家的贸易带来巨额利润，也吸引大量穆斯林来朝贡——这是大唐帝国接受伊斯兰教的一个原因。商品贸易不仅在陆地上进行，当时还有海上丝绸之路。当时几乎所有的沿海城市都参与了贸易，各种商品装满了本国和外国的货船。内陆省份同样参与海上丝绸之路的贸易，提供丝绸、茶叶及其他出口产品。

在现在的广州和泉州港出现了许多信奉伊斯兰教的波斯和阿拉伯商人的群体。穆斯林开办自己的集贸市场、旅馆、学校和清真寺，在城外的穆斯林区居住的游客数以万计。公元 879 年黄巢率领农民起义，起义军攻城略地，甚至攻占了繁华的长安。黄巢起义大大削弱了大唐王朝的统治，之后大唐王朝勉强维持了二三十年，就走向灭亡。然而，伊斯兰教的影响无论在西安还是广州都被保存下来。

在广州，怀圣寺一直被认为是主要景点之一，很像西安的大清真寺。这两个建筑物都是唐代的建筑风格，庭院里都有一系列楼阁与修剪整齐的花园、石柱与带有题字的纪念碑。与西安大清真寺不同的是，广州怀圣寺有古典阿拉伯风格的尖塔，而西安大清真寺是一个三层的塔。

两个古老的清真寺彼此相似不是偶然，它们也不同于后来建造的大多数阿拉伯传统建筑风格的清真寺。它们几乎同时出现，在这两条丝绸之路——海上和陆上丝绸之路的鼎盛时期。西安和广州的老居民、信徒，甚至科学家之间都在不停地争论，哪个清真寺是最古老的清真寺。西安大清真寺石刻题字显示是公元 742 年皇帝下旨建造该寺。但在广州，人们说怀圣寺是先知穆罕默德的叔叔在 630 年间第一次访问中国时建造的。伊斯兰的"传道者"被派往大唐是为了向大量富裕的阿拉伯和中东的移民，以及当地居民传播新的信仰，就如同基督教使徒早在 6 个世纪前就开始在罗马帝国的犹太侨民区宣传他们的信仰一样。不管怎么样，西安和广州最古老的清真寺都反映出了丝绸之路的繁荣，丝绸之路奠定了中国历史上最辉煌时期的经济基础。

西安：古城

唐朝灭亡后，长安经历了很长一段时间的衰落期。游牧部落西夏、回鹘、女真、契丹开始控制了丝绸贸易。他们不生产面料，最初是通过中国得到它们，五代十国时期，以及之后的宋朝都是如此。这时的中国，在长期抵抗游牧民族战争后退到了长江以南，并巩固了骑兵难以逾越的自然天堑。如果说唐代的丝绸之路像一条河流，那么现在丝路上只剩下时而干涸的水湾。珍贵的丝绸是从泉州、广州、宁波、杭州，通过海上丝绸之路出口的。

长达几百年的"纷乱时期"之后，文化层已经变得相当微薄，表面上没有留给西安太多明显的痕迹。同样，对于打败女真和西夏的蒙古人也是如此，再之后历史就进入了元朝。1271 年元朝重新恢复了中国的统一，并且主权空间延伸到了西部更广阔的疆域，之后元朝（1271— 1368）重新掌握了对陆上丝绸之路的控制。但对它来说，这条路与其说是一条商路，不如说是一条军事之路。蒙古人建立了新的城池、旅馆和驿站，这里可以换马，以奔赴更远的旅程。在这条"高

▲ 西安城墙

速公路"上驰骋着一波又一波的草原马。从西方迎面而来的不仅有络绎不绝的商品和西方特产，而且还有大量的移民者。

　　蒙古人安置移民有以下几种考虑。中国北部最早被占领并被金帝国统治的城市，以及许多毗邻宋朝的城市，都对新的统治者进行了顽强的抵抗，女真人几乎全部被灭。在北部地区的中原人最初也差点被灭绝，只有十分之一的人幸存了下来。肥沃的土地变成了荒野，无从收取赋税。蒙古人决定从其他被征服的地区迁徙一些农民过来——波斯和中亚。此外，蒙古人感觉缺少管理人员，他们需要建立一些秩序，于是他们借鉴了许多汉族人的方法来管理元帝国。忠实可信的同族人远远不够来管理中国的疆域，更何况庞大的欧亚"汗国"。汉族官员归顺元朝的也不少，但统治者仍觉得不可信。因此，元朝广泛吸引了来自西域的人，甚至欧洲人。宽容的蒙古人没有摧毁庙宇和寺院，他们很快就接受了佛教，而且也欢迎穆斯林和基督徒，以及其他信仰的人的到来。这也是西安大清真寺"长寿"的原因。

元朝的统治不过百年，元朝被推翻后，明朝登上了历史舞台，中国人开始重新巩固和美化古城长安。在"纷乱时期"以及被几拨"胡人"统治后的长安早已不再是国都，名字也更换过好多次——京兆、奉元等。明朝统治初期，更名为西安，当时也差一点就又成为国都了。但是，当时南京是汉族人起来反对元朝统治的起义中心，朱元璋定都南京。

▼ 西安钟楼

后来国都又迁到了北京，北京也正是被蒙古人称为大都后改为中国首
都的。

然而，西安不满于明朝统治者的轻视。为实现城市的战略重要性，
他们做出了巨大努力。蒙古政权被推翻了，但是并没有被完全歼灭。
他们继续攻击中原王朝，有时把它再次推向灭亡的边缘。从实质上讲，
西安已成为一个要塞城市，是长城防御工事的一部分，当时在长城
的庇护下，古代商队贸易路线又重新恢复了。现在可以看到，坚固
的城墙被设计成一个矩形，这是明代建造者在原址上加固了隋唐两
代的城墙。

今天的西安给我印象最深刻的就是城墙。这些强大的防御工事要
胜于长城的大部分地段——城墙高达 10—12 米，底部宽 15—18 米，
顶部宽 12—14 米。沿着坚固城墙有 14 公里的距离可以平稳地铺设两
个车道的交通道路。最初，在 1370—1380 年间，这里的军民将建护
城河时挖出来的土夯实，用来建造城墙，后来建起了城门、塔楼，然
后城墙都被砌上大块的灰砖。国家富强了，防御工事也随之改善。所
有的防御工事——城墙、弓箭手的塔楼和瞭望塔都是用砖砌成。后续
的工作持续了几个世纪，直到清朝才完成。今天的西安城墙，无论从
规模，还是从年代来讲，不仅是中国之最，而且也是世界第一古城堡。

1949 年后，西安市政府效仿其他大城市的做法，多次打算拆除"封
建主义的遗产"。现在，当地人都认为是著名的革命家习仲勋挽救了
家乡城市的象征（习仲勋是中国现任国家主席习近平的父亲）。他出生、
成长在陕西富平——离西安几十公里。深谙中世纪城墙的历史价值，
时任中共中央政治局委员和国务院副总理的习仲勋对历史文化遗产进
行了保护。

事实上，新的城墙只占历史上庞大的长安一小部分，在建新城墙的同时，明朝统治者下令建造一座新的钟楼和鼓楼。它们的特点是宏伟巍峨——在9米高的底座上高耸着三层镶满绿色瓷砖的楼阁，高度约有40米。在过去，钟楼上的钟，每天要响数次，以约束市民的生活节奏。鼓只在晚间被敲响，标志着"宵禁"的开始，届时居民不准外出。

现在，早晚你都可以听到从钟楼传来的中华人民共和国国歌。每到晚上，钟鼓楼之间的区域都挤满了人。有的人去买小吃或逛数不胜数的购物中心或路边小店，有的人坐在露天剧场深处的台阶上，欣赏着业余音乐家和歌手的演出。娱乐是对所有人开放的。从钟楼地铁站的出口里不断涌出越来越多的人。而地铁站的地下过街通道也变成了购物街，这里就像一个很好的迷宫，很容易让你迷失方向。

当然，在仔细搜索明代古迹之后，还可以发现其他值得关注的目标。但是它们都比汉、隋、唐时期的珍贵遗产小得多。从实质上来说，通过长安几乎间歇了两千年的丝绸之路在明代没有再发挥洲际贸易桥梁的作用。与蒙古人持续的战争，使明朝统治者不得不缩减西部版图，以更好地巩固最重要的、大平原地区。在那里他们建了一个新的长城，盖起了强大的堡垒。由于失去中国驻军的保护，丝绸之路上的中国贸易额明显下降。明朝的对外贸易曾一度沿着海上丝绸之路继续进行，但随后孤立主义情绪弥漫宫廷，漂洋过海的船被拉到了岸边……

毋庸置疑，西安并没有停止大型的商队贸易。西安保留了中国西北地区的商业和交通枢纽的地位，是扩大领土的重要战略支点。

明朝被清朝取代以后，军事进攻和"以夷制夷"的外交结果是新疆、蒙古和西藏成为中国的一个省。同以前一样，军队沿着河西走廊，顺着丝绸之路向西奔赴。军事胜利巩固了长城和位于河西走廊的要塞城市,重新整修绿洲里的石窟寺庙,恢复贸易和农业。但是,丝绸之路上的贸易已经失去了往日的规模和意义,开始吸引更多的历史学家和大批来自欧洲的游客和探险家。正是那时,1870 年的时候,在德国科学家李希霍芬的书中出现了"丝绸之路"这个新名词。

西安重返丝绸之路

1992 年,当新丝绸之路经过西安时,唱响了"丝绸之路"的新组合。这个名字是横贯亚欧大陆的运输干线的,它始于沿海港口城市的连云港,经过郑州、西安,继续到达兰州、乌鲁木齐,以及与哈萨克斯坦接壤的边境小镇阿拉山口。铁路线经过哈萨克斯坦全境,然后经俄罗斯、白俄罗斯、波兰和德国,到荷兰港口鹿特丹,装载中国、韩国、日本货物的集装箱或卸载或通过海陆继续运往欧洲、非洲和中东地区。10900 公里的新丝绸之路已经正常运转了四分之一世纪。

在随后的几年中,新丝绸之路的起点和终点的数量都在不断地增加。在欧洲,他们增加了汉堡、卢森堡、杜伊斯堡、马德里、里昂等国家与城市。在中国有郑州、武汉、义乌……所有路线都经过西安。运输量至今不是很大——集装箱列车用现有铁轨运输。日益需要欧亚之间的商品贸易更加安全和高效。因此,通过西安还有一条洲际交通大动脉——中国西部至西欧的公路线路。它也起于连云港,经过西安,但终点应该在俄罗斯圣彼得堡。现在,高速公路已经贯通整个中国部分,在哈萨克斯坦境内的建设正在完成,而俄罗斯计划在 2020 年建成。

新丝路铺就了几乎被遗忘的中国与西域之间的贸易路线。然而,当前的中国领导人习近平主席是现代领导者，他像汉武大帝一样，深谙实现洲际贸易路线的巨大潜力。在2013年，他提出了两项倡议：建设陆上丝绸之路经济带和21世纪海上丝绸之路。这两项倡议都合并到统一的地缘经济战略，并根据中国的语言传统，将它们简称为"一带一路"。我在西安市政府采访时了解到西安在这一长期战略中的定位。

"西安过去是、现在是，而且将永远是丝绸之路的首府！"西安市西部开发办公室的领导李博是位年轻人，受过很好的教育，会讲几国外语。我们见面的地点是在崭新的市政厅——一个舒适、现代的、大众化的、不奢华的大楼。

"您自己判断，在中国五千年的历史中，有两千年长安都是中国的国都。汉武帝时期丝绸之路从长安开始，在隋朝、唐朝、元朝时期都很繁荣。除了继承传统之外，实现现代化也很重要。经过西安往西有最便捷的铁路和公路、空中走廊、管线、通信线路和电力输送。在城市中，聚集了巨大的学术和教育资源。西安在对外开放的道路上大步前进——在得到外交部的批准后，已经开设了泰国、柬埔寨、韩国的领事馆。本市已经预留出土地用于建造新的外交代表机构。我们有超过10个国家的签证中心：奥地利、芬兰、意大利、比利时等国家。中国政府决定将在西安建设区域航空枢纽。今天我们已经建立了定期航班飞往世界各地的36个城市，其中包括俄罗斯的赤塔。顺便说一句，自2013年起，伊尔库茨克、普斯科夫、圣彼得堡市长或是他们的副市长每年都会参加新丝绸之路城市领导人年度圆桌会议。目前有来自俄罗斯、哈萨克斯坦等独联体国家，欧洲、亚洲、非洲、美洲的大学生在我国著名高校和院所学习。

"你想更详细了解有关基础设施? 请吧。北京—西安高速铁路已经运行几年了,高速列车以每小时超过300公里的速度运行。一两年后,这条线路将延伸到兰州,那时从中国首都北京到新疆最主要的城市乌鲁木齐将通过西安'随风'疾驰而到。同时,高速铁路将把我们和四川省成都市连接起来,那里生产的大量产品都出口到丝绸之路沿线国家。西欧—中国西部的高速公路也通过我们的城市,这使得从连云港港口和其他几十个中国城市的集装箱很快就能运到哈萨克斯坦。迟早,高速公路将建到最终目的地——圣彼得堡。西安除了高速公路之外还开始建设8条国道,以及一些时速超过100公里的普通铁路。

"至于商业基础设施,我们享有进出口货物存储和通关条件优惠的'陆港',在2013年之前就已经投入使用。在2015年,它通过了中国和国际认证,证明服务已经达到国际化水平,高新技术产业开发区就是在它的基础上建立的。由于预算紧张,市政府拿出10亿元人民币作为与新丝绸之路相关项目的扶持资金。这仅仅是全民参与新丝绸之路广泛但也具体的战略计划的一个组成部分。该计划的主要组成部分——建立一个自由贸易区,这将包括高新技术产业开发区、西安国际贸易和物流园区、西安开发区机场附近的新城区。

"开始于2016年的第十三个五年计划对我们来说应该是一个充分调动行政、财务和人力资源的时代。新丝绸之路为西安再次成为丝绸之路的首府提供了机遇。这趟列车一生只来你的站台一次。我们无论如何都不能迟到!"

第五章

富　平

大丝路上的小城

在丝绸之路主干线的地图上，你找不到陕西省富平县城的名字。但是，正如中国许多其他的地方，它们是属于对这条商路有影响的地区，因为它们提供当地的产品，也获得西域的珍奇。富平的居民没必要跟着他们远行——这里距西安仅80公里。

这些地方以苹果和柿子闻名。"富平及其周围地区，是中国苹果之乡，"刘副县长一见到我就说，"我们苹果的产量比山东还多，而且比它们提早两个星期成熟。富平的柿子是陕西省最好的。小麦和玉米，也是我们值得骄傲的！"

当然，人口相对不多的富平，今天闻名于全国并不是因为优质的苹果和柿子。富平只有80万人口，按中国的标准是个中小县。重点在于，中国国家主席习近平的祖籍恰巧在这里。外国人经常写道，他是在富平出生，但是他们混淆了中国两个不同的概念"祖籍"和"出生地"。事实上，习近平主席是于1953年6月15日在北京出生的。但他的父亲，中国著名的革命家和政治家习仲勋确实于1913年10月15日出生在富平。这里有他的墓地、小型博物馆和修复过的习家农舍。

承载时代的一生

还未曾有外国人踏上过这条通往怀德公园的小道，公园中有习仲勋墓。也许这正是没有允许我直接入门的原因，公园设计得很精心，一条又长又宽、铺着白石的林荫路直通向纪念馆的大门。

纪念馆中央是习仲勋的白色大理石墓碑和三米高的人物雕像纪念碑，和蔼可亲的老人坐在椅子上，面带微笑。纪念碑的下方标注着：1913—2002。碑的背面刻有习仲勋夫人齐心书写的习仲勋语"战斗一生，快乐一生；天天奋斗，天天快乐"。在一个单独的大理石板上是另一个题词："党的利益在第一位"。漂亮的书法和文字是当年毛泽东为习仲勋的亲笔题词，习仲勋曾一直与毛泽东并肩作战。

祭奠的礼仪是要在纪念碑前三鞠躬，然后绕着走一圈。在其他埋葬共产党烈士和1931—1945年抗日战争中牺牲的英雄的爱国主义教

▲ 革命家习仲勋纪念碑

育中心，我们也遵循同样的仪式。在来富平的前一年，我和几位政治学家同行曾一同去过毛主席纪念堂，我们也是鞠躬三次，并敬献了白色和黄色菊花的花圈。这次，我一个人敬献了花圈。

怀德公园爱国主义教育体系还包括一个习仲勋博物馆。屋里展示着照片、军事行动的地图和个人物品。习仲勋出生在清王朝崩溃后的几年里，成长在中国军阀混战时期，经历过抗日战争和国内战争，也经历了国家最后取得胜利的共产党的风风雨雨。

这是富平小学，7 岁的习仲勋就是在这里上学。这里有一个古老的三层结构的观景楼（望湖楼），这里做过县中学的图书馆，曾经有一个求知欲强烈的学生经常来这里读书。那个时期图书馆里未必有共产主义的书籍，但是在 13 岁的时候，习仲勋已经加入了共青团。在 15 岁时，他参加了游行示威，结果被逮捕进了监狱。这里有 1932 年的照片，一身戎装的习仲勋与战友的合影。在监狱里的时候，他成了一名共产党员，后来他按照党的要求应征入伍，进行宣传和创建共产主义小组。他圆满地完成组织交给他的任务——在部队发动了起义。他和士兵们与其他小游击队组织建立联系，他成为一个小解放区党组书记。1933 年，他同广州黄埔军校的毕业生职业军人出身的刘志丹一起，在陕西和甘肃交界处创建了革命根据地。尽管他很年轻，但 20 岁的习仲勋承担了共青团、共产党、军委的一些主要责任。

也许最重要的岗位是陕甘边苏维埃政府主席。在照片中军帽下是一个年轻人的清秀面颊——难怪习仲勋那时候被称为"娃娃主席"。模糊的黑白照片显示了解放区的艰苦条件——在厚厚的黄土层里挖出来的窑洞作为军营和诊所。用粗糙的纸张做成的自制钞票上印有镰刀和锤头。

游击区发展壮大起来，到 1935 年已经包括了 22 个县。就在那时，毛泽东、朱德和周恩来领导的红军战士突破蒋介石的"围剿"，从中国中部转战到西北。这场不间断的转战在中国历史上被称作"长征"，最初 10 万名参加长征的战士，走到刘志丹和习仲勋建立的根据地的时候，只剩下 3 万人了。正是在那里，在松软黄土里挖出的窑洞城市延安，毛泽东领导中国共产党抗击了日本侵略者，并取得了国内革命战争的胜利。博物馆里展出了习仲勋同他的战斗伙伴彭德怀和张闻天的合影照片。

习仲勋得到新的行政、军事和党内职务。但他最关心的是如何供养迅速壮大的部队、中央首脑机关人员、人数众多的党校和军事院校、革命报刊社、文艺团体……不过，有时不得不拿起一把左轮手枪，鼓舞战士去冲锋。在 1945 年 8 月到 9 月苏联军队打败了关东军，抗日战争结束了，但相对的平静仅仅持续了一年，到 1946 年，中国国内战争打响了。抗日战争结束后，国民党与共产党进入一对一的战争状态，国民党转入对中国"红色"区域进行大规模的进攻，对"红色"城市延安造成严重打击。1947 年 3 月，国民党军队占领延安。习仲勋作为政委同著名的指挥员彭德怀一起参加了一系列战斗，直至解放延安，并使整个中国西北地区回归到共产党领导之下。

1949 年 10 月 1 日，在天安门城楼上毛泽东宣布中华人民共和国成立。但是，国内战争还没有完全结束，中国的南部和西部还在战斗，在中国西北也不安宁——藏族部落叛乱、一些回族首领也不会自动放下武器。党中央委任习仲勋为中共中央西北局的领导者之一，要确保这个庞大而重要的地区在内战关键时期保持稳定。负责范围不只是众所周知的陕西、甘肃和宁夏，还有附近躁动的少数民族聚居区。

1951 年地域广阔、人口稀少的青海，红军与当地藏民之间的战斗似乎难以避免。然而，习仲勋在自己众多职务中还有一个部队政委的职务，他提出了另一种和平的解决方案。他要求德高望重的西藏宗教领袖班禅喇嘛出面调解。谈判的结果是 1952 年 7 月叛军领袖从山上下来，承诺服从新的政权。不久，他被任命为县长，成了当地的权威。毛泽东很欣赏习仲勋的外交艺术，并把他比作中国古典小说《三国演义》里面的战略家诸葛亮。习仲勋的外交艺术被主席多次称赞。在这里展出的图片中，戴着无边花帽的习仲勋与维吾尔族的领导们站在一起，他在与班禅交谈。而在另一张照片里，他穿着蒙古长袍。

我觉得，习仲勋与各种不同的人打交道都能做到相互理解，他可以理解非常不同的人。这只能用一点来解释，他是丝绸之路上的人。出生在西安和许多跨文化交流线路上的其他城市的人，一辈又一辈积淀的是对异族文化的豁达，对不同观点的宽容，在纠纷和谈判中实现"中庸之道"。后来，他回到北京，被任命为中共中央宣传部部长一职，后来成为周恩来总理的副手。职业生涯的变化反映在照片里，习仲勋穿的不再是松松垮垮的上衣，腰束军人的皮带，而是端庄的文职人员外套……照片展示了习仲勋 1958 年在"大跃进"开始的时候考察农作物，而另一张是 1959 年，他率领代表团正在研究苏联发展冶金方面的经验……

在一张照片里他看起来面部憔悴，眼神中充满了痛苦。1962 年习仲勋因一本描写刘志丹的小说被诬告，遭受了屈辱，被"看管"，以后又被下放，与家人分离，历时许多年！有一张照片是 1975 年全家的合影——一家之主、两个女儿和两个儿子，其中包括习近平。习仲勋正襟危坐，穿着端正的军服。1973 年案件被重新审核，1974 年

12月27日，毛泽东对小说《刘志丹》一案做了指示："此案审查已久，不必再拖了，建议宣布释放，免于追究。"定性为"人民内部矛盾"，家人自此开始团聚，下放到农村接受"再教育"的儿子习近平也被允许到北京上大学。

习仲勋完全平反是在毛主席去世之后。1978年，老战友邓小平派习仲勋去南方省份广东省，那里的情况每况愈下——成千上万的人逃到邻近的香港。习仲勋再次展示了他的外交天赋。他利用北京特派代表的身份会见各种不同身份、不同学历的人，开发出完全非标准的解决方案。

广东省的新领导不建议加强边境管控，而是尽量去缩小相邻两地生活条件的差距。在"改革开放总设计师"邓小平的书桌上放着关于实现该省经济自由化、简化外贸程序和吸引投资的一揽子措施。这种创新方法在党的领导层遇到了警惕的反应，但邓小平最终还是允许在靠近与香港和澳门的边境地区开始搞实验。"让我们称它们为'特区'，就像你的陕甘宁边区。"邓小平说。他强调，将给予相应的政策支持，但无法提供资金，就像战争年代，不得不"用血铺平了前进的方向"。1979年7月，北京批准建立深圳和珠海特别经济区。

很快 "深圳的奇迹"就出现了，没有它就不可能有整个"中国的奇迹"。特区政府得到了极为重要的自治权，降低了所得税、简化了创建合资企业、获取签证、利润汇出和兑换外币的各种手续。正如邓小平预言，最初，不得不"用血铺平了前进的方向"。官僚政治和势力强大的传统理论拥护者都提出了鲜明的反对意见。然而，深圳已经有了长足的发展，它的成功用事实证明了"改革开放"方针的正确性。广东省积累的经验对整个国家来说都是宝贵的。1980年9月，习仲勋被补选为全国人大常委会副委员长。1981年6月，习仲勋在中共十一届六中全会上被增选为中央书记处书记，一年后当选为政治局委员和中央书记处书记，负责中央书记处的日常工作。

在博物馆展示的那些建设年代的照片里，习仲勋要么与邓小平并排坐在主席团会议上，要么与中共重量级元老叶剑英、许世友、杨尚昆进行友好交谈。这里既有在日内瓦同代表团的合影，也有与文化名人的交谈。习仲勋对文化遗产保护的贡献可以用一个事例证明。土生土长的富平人不仅阻止了人们对他的家乡最美丽的宝塔的破坏，同时保护了著名的西安城墙。据称，当年为了筑路施工，险些将城墙破坏。首都北京和中国几十座其他大城市的旧城被拆除就是痛心的例子。对文化遗产保护的结果是，西安城墙作为古城的象征、作为世界上现存的最大的中世纪城堡，被保留下来。

在博物馆里最后展出的是家庭彩色照片——习仲勋和他的妻子齐心、儿子习近平、儿媳彭丽媛和孙女习明泽在一起。

我将习仲勋与时俱进的一生称为"承载时代的一生"。事实上，习仲勋的一生跨越了几个时代。了解20世纪变化的规模和速度，同时认识中国文明的稳定发展是离纪念馆不远的习家旧宅的主题。

父辈家园　窑洞

在低矮的苹果树林里，饱含富平农民传统文化特色，三排灰色平房连在一起组成一个小田庄。按中国农村的说法，它们形成一个"门"字形。通常在两排房子里住着一家几代人，而第三排是放农具的谷仓。在茅草屋顶下墙壁抹得很平整，窗户和门都用精美的砖瓦镶嵌着。玉米芯花环足以透露出修复者朴实的想法。院子里空空的，铺有石板，打扫得干干净净。门外石碾子和两个秸秆草的草垛，让人想起"在拉兹里夫的列宁小屋"。里面的居住区没有对外开放。这是一个遗憾——因为习仲勋在这里度过了童年和少年。

走出纪念馆的围墙，我甚至准备盖上相机的镜头，却突然愣住了。在一个底部约有 10 米长、10 米宽、有 5 米深的大坑出现在我面前，里面有两间地下"窑洞"，窑洞是中国北部省份黄河流域非常典型的住房，因为这里遍布丰富的软黄土。原来，一到炎热的夏天房屋的主人就会搬到阴凉的院子"别墅"里。习家"别墅"的两个椭圆形的大门关闭着，大门的上方有两个洞是为了通风用，两个门中间有个凹槽，里面放着石头碗，用来收集土层里渗透出来的水，因此非常干净。同样的窑洞"别墅"和房子，之后在陕西省行程里经常遇见。

在富平古城的中心区能更好地感受到习仲勋成长的氛围。这里的第一个行政单位还是秦始皇时期建立的。县城的意义就是强调在黄土山上有一个小堡的存在。山有一个陡面，形成天然的驻守城墙，其他的城墙都是用砖砌成，这里有一个城堡的瞭望塔。城里有一个当地学校的图书馆，习仲勋在那所学校读过书。与灰砖绿瓦的塔楼并排的是驻军营房，那里前不久还住过普通百姓。

从观景台望去，全县及其周围的景色尽收眼底。一个普通的平房建筑，与稀少的两三层楼房建在一起，用砖铺砌的整齐的街道，罕见开花的树。远处能看见花园和田野。21 世纪的到来，并未改变 20 世纪初的这种安逸恬静的风光。在远处郊区可见正在建设的高楼大厦，起重机在工作。通过一个狭窄的河道架起高速公路 —— 一座新的高架桥。

　　我们继续感受中国传统名镇的魅力。喝一点羊奶酸奶,尝尝莲花蜜饯,慢慢地经过一条条两侧都是平房的街道,向坐在门前的老奶奶们问个好,这些门门框上都贴着红红的对联,上面金色的大字写的都是祝愿生活富裕、多子多福方面的吉祥话。您可以对用手遮面盯着你看的陕西美女报以微笑,同样你也会收到她们回报你的笑容。我拍到了一个高墙上的窄门,那是通往百年前银行的入口,还有当时建造的二层砖瓦楼,是县立中学的图书馆。最后我们进入了一个县衙,这里已经被改造为博物馆,昔日的县长就是由此发号施令,管理全县。

　　就像其他地方的衙门一样,这里是一个微缩版的皇宫。在入口处有一个不久前被重新修复过的漂亮拱门,有精美的木雕装饰和书法题字。一侧的石板路直通向一片宽阔的区域,院子中央是大理石底座的主楼,还有一些雕像和刻有法令文本的石碑。过去的一些石头文物在"文化大革命"期间遭到了严重的破坏,—— 一些雕像已经失去了他

▲ 富平县及中国西北部地区的传统住宅——"窑洞"

们的头，另一些没有了鼻子和耳朵。曾经一度防御草原胡人的城堡没能保护价值不菲的古董免受年轻野蛮的红卫兵的攻击。孔庙也未能幸免，其他的一些老建筑也被破坏了。古老的富平在过去几个世纪的魅力能否被继续传承下去？能否在已经到来的现代建筑海洋中保留这块18世纪到19世纪中国建筑的绿洲？—— 时间会告诉你答案。

富有丝绸之路精神的当代艺术

"抛掷石头有时，堆聚石头有时"——当我们参观完"富平陶艺村"，在返回西安的路上我想起了《圣经》的这句经典。自2007年以来这里就形成了中国特有的，也许是整个世界特有的巨大的陶瓷产业中心，包括小型私人作坊、陶艺博物馆、培训中心、宾馆和饭店，为黏土艺术爱好者和专业人士提供全套服务。在广阔的区域里分散着许多大大小小和各种用途的建筑。但是有三个高耸的圆顶形建筑从中脱颖而出，走到近处才看清这是烧陶窑的放大副本。

中央圆形的厂房和连着它们的长长的走廊都变成了展览大厅。墙壁上和在一个相当宽阔的过道中间放有来自中国和约有50个国家的大师作品，他们是前来参加定期会议、专题研讨会和创意比赛的。在主要的"熔炉"——展厅和库房约有600位艺术家的13000件作品。它们大多数就是在这里，在富平创造的，创作大师来到这里，住上一段时间，在一座座独立的工作坊里工作一两个月。

创建博物馆的想法是当地一个陶艺爱好者徐都锋提出来的。他恢复了丝绸之路大量的雕刻陶人的传统，这些陶人在古老商路上的许多城市博物馆里都有展出。在参观西安兵马俑博物馆时令我们赞叹不已

▲ 富平望湖楼——保留了过去几个世纪的记忆

的中国特有陶瓷传统，在后来的发展中被补充进了伊朗、印度的元素和工艺。正是受它们的影响，在丝绸之路全盛时期的唐代创造出了风格独特的彩色陶瓷，其秘方在随后的"大混乱时期"失传了。

现在这些着实不简单的秘方几乎被来自古都洛阳和西安的专家揭开了。那里有制作大师现场制作的唐三彩店，去那里的游客络绎不绝。技师们就在游客的眼皮底下勤奋地复制出中世纪主题：马和骆驼、强壮的战士和丰腴的美女、音乐家和舞蹈家…… 在富平，他们还尝试用三色珐琅。但反映的故事都是他们自己的原创：抽象构图，奇特的动物。因此，外国艺术家带走了中国彩釉陶瓷唐三彩技术，同时也将他们自己的技术和创造带到这里来。

在我看来，这一点是丝绸之路的精神。它是鲜活的，而且具有伟大的未来。

▲ 建成了陶窑形状的富平国际陶艺博物馆

第六章

宁　夏

伟大的丝绸之路与长城和黄河的交汇

中国的宁夏对我来说一直是一个神秘的地方，这个印象我在大学里学中国地理的时候就产生了。历史课上经常提到这些丝绸之路沿线以及同藏族、蒙古族和汉族聚居区相邻的地方。在1930—1940年间，中国共产党的军队创建了陕甘宁边区，作为抗击日本侵略者的作战基地，也击退了蒋介石部队的攻击。今天的宁夏是安宁的，也是令人神往的。

"有车必有辙"

　　在宁夏这个名称中，第一个字"宁"的意思是"宁静""安静"。第二个字"夏"是指古国西夏，它是一个很接近藏族的民族建立的古国，这个民族已经消失了，当年他们同相邻的汉人要么做生意，要么打仗。西夏的界线不仅包括现在的宁夏，还有甘肃省的很大一部分，以及陕西省北部地区和内蒙古西部地区。能战胜勇猛好战的西夏的，是蒙古人，这个在13世纪初消灭了它在辽阔草原和沙漠的邻国后，成为统治整个国家近一个世纪的民族。

　　宁夏的名称——"安宁的夏"最早被蒙古人使用。西夏创建了两个世纪的原生文明，其中包括在中国汉字基础上创造出来的文字。西夏大部分都被灭绝了，小部分融入了大元帝国。蒙古部落住进了被遗弃的村庄和城市。来自元帝国中东和中亚部分的移民多达上万人——有农民、士兵和工匠。他们同已经定居中国的穆斯林商人的后裔融合在一起，这些穆斯林的祖先都是古时候通过丝绸之路来到宁夏的商旅。在被蒙古人迁移过来的伊朗人、土耳其人中，穆斯林占大多数。在中国定居后，经过许多世纪，他们外貌上已经同中国人几乎没有区别，被称为"穆斯林"的人，因出生地的不同讲着不同的方言。他们开始用汉字，但在清真寺里仍保留着阿拉伯语书籍。同时，他们也保留了自己的信仰和文化习俗。通过丝绸之路来到中国的穆斯林后裔现在分散在中国的各个角落，与当地信奉伊斯兰教者一起成为中国的一个民族——回族，宁夏是他们最大的聚居区。因此，1958年创建宁夏回族

▼ 用汉族、回族元素共同装饰的银川街道

自治区。现在自治区有 630 万居民，回族有 220 万人。

银川是宁夏最主要的城市，银川第一次成为首都的时间是 1038 年。西夏王国的第一位统治者很精通防御工事，所以无论是攻城，还是防御，他都很擅长。他们还懂中国的风水学。新的国都，取名兴庆，从东南方向涵盖了黄河，从西北方向涵盖了贺兰山山脉。城市现在的名字是后来获得的，并且它可以被翻译为"银色的河流"。确实，银川有源于黄河和地下水形成的湖泊串成一串串，在阳光灿烂的日子展现出无尽的银色空间。

银川城市本身，如当今中国的许多城市一样，分为老城区和"开发区"。

老城区保留了充满传统魅力的低层建筑——中世纪城门和塔楼，古老的清真寺和两侧杨树林立、满是人群的狭窄购物街。建得零零散散的现代百货商场、酒店、写字楼没有影响城市建筑的和谐。在新区，有宽阔的街道、铺着整齐地砖的人行道、大型商场、高层写字楼、30—40 层楼高的住宅小区。所有这一切都源于中央的补贴，因为宁夏的 GDP（2014 年是 2752 亿元人民币）在中国大陆 31 个省、自治区和直辖市中排在第 29 位。

早在 1999 年，中国提出西部大开发战略，加速发展落后于创造"中国经济奇迹"的东部沿海地区的西部地区。在 12 个经济欠发达的省区（重庆、四川、贵州、云南、西藏、陕西、甘肃、宁夏、新疆、内蒙古、广西、青海）中就有宁夏回族自治区。在过去的 15 年中，宁夏从国库里得到 56000 亿元补贴。仅在 2015 年补贴额就达 7700 亿元。宁夏建起了全新的机场和火车站、贯穿全区的高速公路和高压线路、"开发区"的现代建筑，还有占地广阔的"中华回乡文化园"。我特别喜欢宁夏博物馆和图书馆的建筑。它们建成的时间不长，但考虑到了伊斯兰建筑传统，外观上使用了西夏王国的文字和其他文化元素。

枸杞取代"阿拉丁神灯"

如果你认为宁夏的发展全都靠中央的补贴，那你就错了。在这里，人们寻找并发现了独一无二的竞争优势，它不仅能够产生财富，而且成为《一千零一夜》的阿拉丁神灯。这些优势之一就是枸杞，它不仅在中国，而且在世界几十个国家，包括俄罗斯都已经成为一种时尚的浆果。枸杞的广告是我从北京坐了两个小时的飞机后到机场看到的第一个海报广告——在药用天平上一边是一滴制剂，另一边是一大堆红色浆果。这个广告和其他海报、广告牌和电视滚动的广告，让我在宁夏停留的所有时间都能见到。

访问枸杞博物馆是让人无法拒绝的。我还未走进门，系着红丝带的年轻小伙和姑娘们就开始向我这个海外客人问好了。他们陪同客人走进宽敞、凉爽的大厅。大厅里正在进行某种特殊的枸杞茶的品尝鉴定，同时还在播放有关枸杞的影片。枸杞这种果实很像我们的伏牛花子或黑莓。事实上，宁夏种植这种果实已经有 6 个世纪，用于治疗疾病或作为献给皇帝的贡品。现在，椭圆形的红色浆果成为有益健康的"八宝茶"中必不可少的成分之一，每一个中国人都对其十分钟爱。虽然新疆及其他省区也有枸杞生长，但"枸杞之乡"的称号还是非宁夏莫属。在宁夏，道路两旁，你会经常看到这些差不多有肩膀高的灌木，它们有点像缀满了果实而低垂的花楸树。枸杞博物馆大楼的楼前楼后也种满了枸杞。大巴车时不时地将游客送到枸杞博物馆来，令系着红丝带的小伙和姑娘们对客人应接不暇。满载而归的游客终于踏上返程。与博物馆并排的是一座闪闪发光的钢和玻璃搭建的六层楼——国家枸杞研究中心,这里研制出各种各样的枸杞药品,广告上面那吃一滴相当于吃一捧枸杞的药剂也是这里发明的。

回族——丝绸之路人

许多世纪以前,穆斯林商人和移民沿着丝绸之路来到了宁夏,这里的居民还有一个独一无二的优势同丝绸之路本身密切相连。商队的足迹形成了众多洲际间的贸易路线,但主要干线目前在宁夏的南部。宁夏地方政府预计在古丝绸之路附近铺设高速铁路和公路主干线,在旅游商贸中心再现"客栈",以及现代工业企业。这些不用等太长时间就会实现的。截至 2015 年年底,中国政府决定拨出 805 亿元人民币用于西安和银川之间的高速铁路建设。618 公里的距离,列车将以每小时 300 公里的速度行使,只需两个小时便可通过。不难计算,当年商队以一天 30 公里的速度行驶需要多长时间。

积极进取的宁夏居民,在 2013 年宣布的建设丝绸之路经济带的倡议框架下,不仅获得了中央政府的资金,同时还吸引着伊斯兰国家的投资。从飞机场过来,一路可以看见在高速公路和城市主要街道两侧旗杆上飘扬的一些伊斯兰国家的国旗。当地政府官员高兴地向我们介绍,已经举办和计划将要举办的有阿拉伯国家和中亚国家代表参加的投资展览会和研讨会。自 2004 年以来,当地举办了中国—阿拉伯经济论坛,洽谈了一些投资项目,完成了一些重大交易。中国向阿拉伯国家的投资超出预期。但是,中国数十亿美元的对外投资均来自上海、广州和其他先进沿海省份的金融和工业中心。另外，来自阿拉伯的资金非常有助于中国落后的西部地区的发展，包括信仰与阿拉伯人接近的宁夏和新疆地区。

宁夏曾举办过卓有成效的中阿博览会。2015 年，第二届博览会成交量达 1712 亿元人民币，不仅包括纺织、新材料和新能源设备，还有清真食品的生产设备。之后，又召开了另一个博览会——电子博览会。这次中国人和来自 10 个国家的阿拉伯人签署了建立"电子丝绸之路"的协议，协议声明双方共同努力创造新的和改进现有互联网基础设施，对落后和贫困地区扩大 4G 网络和 WiFi 接入点。务实的中国人和阿拉伯人在商队贸易的优良传统下，还同意建立一个共同的电子市场，为客户提供电子金融交易，简便海关和边境手续，建立旅游团体登记制度。

为扩大贸易流量，几年前已经建立了一个保税仓库，在海关检查之前可以做到进口货物临时存储，随后迅速履行手续并发往各经销网点和电子商务商店。现在，在对古丝绸之路市场进行现代模拟的基础上，加快创建商贸物流的试点经济区。它的目标是成为中国西北部，乃至对中亚、南亚，以及中东国家和地区来说都最重要的交通和贸易中心之一。

2016 年，空中丝绸之路将银川和迪拜连接起来 —— 阿联酋航空公司每周四次的航班经过宁夏省会城市停留后再飞往新丝绸之路上的大城市——郑州。（回想 2015 年夏天，在这家航空公司的莫斯科—迪拜—东京的航班上，我就惊喜地得知，该公司的"空中客车"自阿联酋起飞，经停巴基斯坦后，将沿着古丝绸之路，经过兰州、银川、西安到北京。）

通过发展互惠贸易以及与阿拉伯国家的经济和文化联系，通过恢复丝绸之路上 2000 多年相互交流的传统，宁夏不仅找到了自己的竞争优势，而且还为完成全国性战略任务做出了贡献，扩大了对中东地区的经济和政治影响力。现在，该地区是中国的重要贸易伙伴——双边贸易额从 2004 年的 255 亿美元增长至 2013 年的 2390 亿美元，而且在未来十年有望达到 6000 亿美元。

银川也没有忘记东干人，东干是苏联时期对 19 世纪移民到俄国的回族人的称呼。贸易代表团、学生、艺术家与富有影响力的哈萨克斯坦东干协会，以及其他中亚各共和国的东干组织进行了交流。银川具有国际性都市的文化潜质。

西夏王陵

宁夏得天独厚的竞争优势还包括独特的自然风光和丰富的历史遗迹。中国的国内旅游业在以前所未有的速度蓬勃发展。在过去 30 多年中经济上取得的成就不断改变着近 14 亿中国人的生活方式。许多人变得有更多的时间、更多的金钱，最重要的是，这激发了旅游的愿望。宁夏欢迎各地来的游客。这里迎接他们的是现代和舒适的酒店、藏品丰富的博物馆、不寻常的纪念品商店、提供当地美味佳肴的餐厅，其中包括穆斯林传统美食。毋庸置疑，等待他们的还有历史古迹及具有全国和全球意义的自然保护区。最吸引人的是黄河和长城脚下荒漠中的西夏国国王的陵墓——西夏王陵。

离银川市 30 公里处绵延着占地广阔的西夏帝王墓。1227 年，蒙古人击败了西夏人，摧毁了奋力抵抗者的家园，但西夏人的墓地保留

▲ 西夏王陵路旁的西夏文字

　　了下来。贺兰山前竖起的一个个圆锥形土堆，从远处看就像一座座圆圆的蒙古包，直到平原的边际。寸草不生的斜坡先是向下伸展，之后高耸的帝王及其陪葬者的坟墓将壮丽的山脉衬托出来。它们散布在长度10公里和宽度5公里的空间，仿佛一起构成了一座城市。

　　从被挖掘的坟墓可以看到，被陪葬的有妃子、护卫和太监。在西夏近200年的统治中，有九位帝王和几百个臣子安息在圆形金字塔下。坟墓的地上部分，被压实的土堆成了高于地面30—40米的锥形，地

▲ 这些墓葬的主人控制丝绸之路长达 2 个世纪

下部分有几米长的墓道，墓道通向献殿和墓室。

就像其他国家级旅游胜地一样，西夏王陵景区设施齐全，而且高度商业化。宽敞的停车场不停地接待着满载游客的大巴车和私家车。入口被装饰成西夏时期的碉楼，上面刻有西夏文。

在接触古墓之前，游客首先被引向一个小型博物馆，然后出路通向出售用贺兰山石制作的纪念品的商行。这种多层的石头可以使工匠用一块石头做出有两三种颜色条纹的手镯、动物和其他雕像。最后，这条贸易和增长知识的线路将游客带到最主要的奇迹——王陵。然而，大多数游客喜欢乘坐园内电瓶车，这样可以立刻去探索整个陵墓。好奇的游客涌向直通"土堆"的宽阔的路上，路先是用石板、之后是用鹅卵石铺设的。导游提示游客不要拍照，他们说，死者的灵魂不喜欢……

不知为什么，看到这个失落文明的遗迹，我突然想到，基辅罗斯几乎是与西夏同时遭受蒙古铁骑打击而灭亡的，而从黄河到第聂伯河和多瑙河，这一片土地成为元帝国的一部分。所以，事实上，党项人、蒙古人和汉族人一样，对我们来说并不陌生。我们的祖先共同在欧亚大陆生活了约 100 年。

天下黄河富宁夏

从银川往西南行使一个半小时，我们来到中卫市，在相当单调的丘陵地貌中闪现出一片汪洋。"黄河。"——司机用平淡的语调说道。我可没矜持住，甚至喊了出来："停一停，停一停！"所有的人都走出了面包车，但是走向不远处岸边的，只有我一个人。

旧梦成真。这是我第一次与伟大的中国河流约会。有多少次我在地理和历史书中、在中国作家小说和故事里读到过这个名字。但是，这次竟如此容易地来到了黄河岸边，望着它快速的水流，我用手掌捧起有点浑浊的水，观察浅滩里的旋涡，我还看到在河中休息的鸟。尽管黄河在这些地方的河面并不太宽阔，但这正是人们常说的无价之宝。沿着已经沙化了的低处的岸边漫步，偶尔会遇到要么是小块的小麦和玉米地，要么是一些果树。在对面高高的岸上，你可以看到铁路和公路，还有高架桥、高压塔。黄河两岸都用石板和混凝土加固。这些作品让人联想到河水澎湃的性情，人们不仅将其称为"母亲河"，它也是"中国的灾难河"。洪水和特大洪涝灾害，已成为起源于黄河两岸的中华

▲ 宁夏黄河

文明的一个组成部分。

  在一块巨大的石头上刻着令人醒目的题词："天下黄河富宁夏"。大圆石被放在沙坡头国家公园的入口处。公园被授予最高级别——五个 A。相应的价格包含了所有的服务——从门票到去对岸的船票。对岸是高高的用来滑沙的沙丘山。还有什么是积极进取的宁夏人想不出来的呢，他们用一切来向自己，也向客人证明他们与黄河的特殊关系！刚坐到小船里面，我就被头上飞驰而过的年轻人吓了一跳。原来他们是在滑索，滑索的女孩尖叫着，男孩也被吓得不轻。滑沙的钢索从山顶一直拉到公园的入口处，喜欢寻求刺激的人装备得像蹦极一样从山上滑下来，手紧紧抓着固定在钢索上的支架手柄。沙山的斜坡有 100米长，热衷滑沙的人从山顶滑下来。这项运动在俄语中还没有相应的名称，或许可以称作沙雪橇，或者滑沙冰。

一上岸，我们就被带到了骆驼公园。我套上塑料鞋套行走在沙子上。之后我开始尝试着骑沙滩摩托车，20 分钟我一直在操作摩托车，在突然出现的沙丘上每一次转弯都掀起一片沙雾。有的游客仍在排队等待漆成黄绿色图案的军用越野车和其他娱乐项目。但最惊险的项目保留在最后进行。

在黄河浑浊泛黄的水上摇摇摆摆地划过来充气羊皮筏。它们有 15 个——每排 3 个充气羊皮囊，一共有 5 排。上面铺上木板，4 名乘客分两队背对背坐在木板上，舵手悠闲地划着船，微微地推动着船顺流而行。突然，旁边飞过一个快艇，上面一群快乐的年轻人在挥手问候。不太结实的皮筏开始摇晃，像要抛弃它的乘客。

露天长城博物馆

沙坡头公园是沙漠学术研究中心的一个组成部分，离这里只有几

▼ 古老传统——坐羊皮筏横渡黄河

百米处就有铁路经过,铁路的后面是高度差不多的绵延不绝的山冈。"这是长城",我的朋友解释道。看见我晒黑的眼圈,他们安慰道:"明天,明天吧。在宁夏长城并不少见。"确实,宁夏回族自治区的面积相对不大,但可以看到一部分长城,它们几乎有 2500 年了。最早长城是用来防御来自北部草原的匈奴人,这还是在战国时期(前 475—前 221)。将分散的防御系统连接起来的是中国第一个统一国家的缔造者秦始皇。他在位期间以及他的后代,长城被不断延长,不断被复制。宁夏被日益重视是可以理解的——相当于在北方,在"胡人"的地盘上,在沙漠和草原栖息地,楔入一个巨大的菱形版图。它连接了贯穿甘肃全省的河西走廊,正是沿着河西走廊满载丝绸、茶叶、瓷器,以及其他中国财富的商队驶向了西方。差不多所有的沿途国家都参与了对商队的检查,或者分享商队的利润,包括匈奴人、西夏人、突厥人、蒙古人。所以,中原人只好不断地同草原人斗争,结果是全境修筑边防工事。现在,它们都处于不同的保护状态,有些地方在进行研究和修复工作。将宁夏称为"露天长城博物馆",这难道还奇怪吗?

"草原接着草原,路通向了远方。"当我从银川往东去宁夏另一个古迹——水洞沟遗址公园的路上,这首俄罗斯歌曲回荡在我的脑海里。20 世纪 20 年代在法国科学家的帮助下发现了岩画以及 30 万年前人类活动的痕迹。坦率地说,古岩画,各种路边的岩石和峭壁上的画作没能触动我的心弦,因为中国有太多神奇的东西让我更感兴趣。但是见一见就在附近的明朝时期修筑的长城,确实一直是我的梦想。

牛拉着车载着游客缓缓穿过芦苇荡,沿着 20 米高的陡峭悬崖,走在尘土飞扬的道路上。赶车的人相当专业地唱着《红色游击队之歌》,80 年前游击队在这些地方抗击日本侵略者。突然芦苇路到了尽头,迎面走来载着一群游客的驼队。接下来进入视野的还有高耸的墙。赶车的人已完成了一路的演唱，他宣布："我们到了。"我们发现自己是在差不多由相同高度的悬崖和土墙围成的狭小空间里。这个土墙就是长城。花岗岩板上刻着"明代长城"四个大字，并在下面用较小的字介绍了这段长城是在宁夏回族自治区政府和内蒙古自治区政府保护之下。这段长城也是两个自治区之间的行政边界。

战胜了同样具有游牧精神的党项人和生活在东部的女真人之后，蒙古人袭击了中国宋朝，并逐步控制了全中国。1271年，他们宣布建立大元帝国。草原人的统治一直持续到1368年，起义的汉族人通过几场浴血奋战打败了蒙古人，把他们向北驱进蒙古大草原。这需要识别并巩固新产生的国界，于是就有了"明代长城"。

成千上万的到过长城的游客都知道，北京附近的长城是用砖建造

▼　与北京长城迥异的宁夏长城

的，而砖当时是比较贵的。北京当时作为明朝的首都，使用昂贵的材料建长城也是应该的。但是对于在甘肃省著名的敦煌莫高窟附近最西部的长城，通过内置夯土，并掺杂着在河水冲积平原或在沼泽地里生长的芦苇来建造。在宁夏的明代长城也是由压实的土建造，但其中没有芦苇。技术，似乎很简单——挖土堆，建土基，将土夯实，摞上去，再夯土，再摞上去……"夯土"城墙目前的高度约为10米。敌人在攻克长城的时候，通常是找一个不太深的地段，从那里挖地道。

除了土墙，防御系统还包括建造烽火楼，如果有敌人接近，就会从碉楼燃放狼烟来传递信号。军队分布在小堡垒里，有一些小堡垒已经被修复，并且成为一个微型博物馆，例如宁夏长城博物馆。它从一

▲ 中国古代边防军的地下要塞

个修复得很好的传统中国馆开始，这个馆曾是红山堡边境驻军将领的官邸和指挥部。它建于 1521 年。将军手下有 1250 名士兵和军官，负责的长城段有八个烽火台，也就是说，有几十公里长。不言而喻，要塞的四周都是像长城这样的堡垒。拱形门用砖砌成，连着的墙有几米长，也是用砖砌成的。宽敞的院子里面是兵营、操练场和弓箭射击靶。在远处可以看到几个高度都在 25 米高的烽火台。

要塞最有趣的部分——是地下的军营和武器库。开凿于密而软的黄土地下的通道，虽然铺有石头并抹了灰泥，但很快就变窄了，而且你不得不低下头。有必要来看看脚下——意想不到的陷阱里插着一根根削尖的木桩，在等待敌人的到来。通过迷宫之后，你会发现自己在一个相当大的房间，在那里可以等待进攻，然后出现在敌人后方，这真是所说的"从地缝里冒出来"。现在，地下兵营变成了一个小型博物馆。里面陈列着刀枪剑戟各种设备。还有附近的瞭望台与用石头和夯土建造的烽火楼的模型，以及不同历史时期的宁夏巩固防御工事地图。看来，在这张地图上不得不标出新的数据——2015 年科学家在黄河沿岸考古时，新发现了长城的 9 个残垣断壁，以及石头和黏土建的烽火楼。据证实，秦朝时防御工事是按照宁夏和甘肃两省之间现在的行政区划来建造的。

丝绸之路通向博物馆和清真寺

长城博物馆很有趣，但是与宁夏回族自治区博物馆相比还是略显逊色。宁夏回族自治区博物馆位于银川市，是一座既有西夏元素，又融入了伊斯兰建筑风格的现代建筑。通常来讲，中国所有的省级博物馆对游客来说都是绝对有益的。在那里,你可以在几个小时内就能深入到某一地区可能厚达几千年的"文化层",能够找出最有趣最值得参观的地方,买上几本不仅在莫斯科买不到,即使是在北京也很难遇到的当地出版的图书,再挑上几件那些旅游品商店都没有卖的当地纪念品。

在宁夏博物馆我也不例外。永久收藏品,刚刚开幕的丝绸之路展在我看来都像是阿里巴巴的藏宝库。可惜的是,我当时只有一个半小时的时间——我们从长城旅行回来已经是午饭后了,而这天又恰逢穆斯林节日古尔邦节,所以博物馆工作人员要提前下班,博物馆也会提前闭馆。不过这个时间还是足以让我把自古以来这片土地上的故事串连成一幅连贯的画。

这里有各种展品,有的展示了一个盛大的场景:三色釉料覆盖着的骆驼和马匹驮着行李和大鼻子、红色胡须的骑手;护送人员跟在他们后面步行着;穿着袒胸露臂长裙的美女们有的在演奏着笛子、琵琶,有的在翩翩起舞;威武的士兵摇动着长棍和长矛。这里还陈列着佛陀和他的弟子的雕像、有花纹图案的丝织物残片、黄金首饰、用来购买中国商品而支付的波斯和拜占庭硬币、来自中亚地区的粟特的镀金壶和银壶、面目狰狞的墓地守护神和带翅膀的狮身人面兽、边境要塞和著名的清真寺的模型……

在银川市,大多数清真寺都不大,寺庙的屋顶通常是带有月牙的镀金或绿色圆顶。当然,旁边总是要有一个高耸的尖塔。银川大清真寺——地处"南关",是在1644年完成,明代的最后一年,寺庙在1980年被翻新。我们来到大清真寺时赶上开斋节末尾的古尔邦节。我甚至都来不及拍摄卖甜食的老板(这种甜食很像我们鞑靼人的美食"嚓嚓"），带着彩色头巾的买主和在门口抱着孩子的妇女，以及从绿色圆顶寺庙里涌出的人流，还有胡子花白但很健壮的老人们，戴着绣花小圆帽，他们不是走出来的，而是骑着自行车从院子里出来的。他们快乐地问候着，微笑着。仅仅5分钟，清真寺的院子乃至清真寺本身几乎就空了下来，这样可以不用着急慢慢欣赏和拍那些装饰了。

　　在不太大的院子中央有一个喷泉，旁边的旗杆上面飘扬着中华人民共和国国旗。院子周边有学校和神职人员阿訇的住房。房子前面有一块黑色大理石碑，上面用金字记载着清真寺的历史，清真寺是奉唐太宗之命建造的，授予全部穆斯林效忠朝廷的权利。在清真寺主体建筑的上方是绿色的穹顶和金色的新月。墙上有用阿拉伯语赞美先知的

▲ 银川新建的庞大的清真寺

113

镀金铭文。在祈祷大厅的地板上铺着厚厚的地毯。

　　令我没想到的是在中华回乡文化园里,我还看到一个大清真寺和一个不大的博物馆。巨大的白色大理石清真寺是这个庞大园区的核心。如此宏伟的中东风格的建筑不久前才在中国出现。

　　通往寺庙的道路和拱形入口的前方区域都铺有石板。白色大理石拱门上方是巨大的白色圆顶,大门高38米,两侧建有长206米的廊房。公园内有许多喷泉、水池,还有生有芦苇和小鱼的池塘。在八角星形清真寺建筑的顶部,设计者显然也用心不少:巨大的黄金主顶,两个挺秀尖塔的较小圆顶,以及画廊和办公楼的洋葱头状屋顶。里面的主祈祷厅面积有7000平方米,大殿的柱子、墙壁和圆顶的内表面皆是东方装饰。色调以蓝色为主。整个地面上覆盖着一块巨大的红地毯。有几个人径直走在上面,看上去他们不是穆斯林——因为没有戴头巾也没有戴帽子。

　　只有在清真寺外面才能看到信徒,在一个露天小舞台上表演着回族节日的歌舞。一些等着出场的演员都穿着民族服装——长长的上衣盖在裤子上,无边的平顶小圆帽上挂着绣花的披纱。在舞台上有一位男歌手在唱歌,也穿着长衬衫和长裤,戴着绣金的漂亮小圆帽。在为数不多的观众中,大部分是年轻的未婚女性,她们戴着贵重的节日头巾,但衣服很平常。已婚妇女可以通过整齐的头巾区分出来,她们的头巾大多是蓝色的,一个怀里抱着孙子的老太太戴的是黑色头巾。

　　在通往博物馆路上的商店里,展示着各种各样的回族民族服饰。非常简朴的衬衫和裤子套装搭配上各种款式和装饰精美的头巾、无边小花帽,上面缀满了金线绣花、装饰品,整个就是个王冠。成人、儿童、妇女和男子的民族服装都被挂在墙上,而在橱窗里面的是各种珠宝首饰、骨制品、坚果和各种包装好的枸杞。

博物馆的员工也穿着传统风格的服装。她讲解着清真寺建筑和整个"中华回乡文化园"的由来。这个令人印象深刻的项目是在中国西部大开发框架下由国家和地方预算出资来完成的，确切的数字还没有——园区建设尚未完成。这个文化中心充分地反映了回族在现今中国 56 个民族中所占有的地位，以及他们对丝绸之路的历史和整个中国的贡献。

第七章

甘　肃

丝绸之路的黄金段

从古丝绸之路起点西安市向西到这条路上最大的城市兰州大约有550公里。不难计算出，在远古时代，如果商队的速度是每天30公里，走完这段路需要近两周的时间。而利用现代的交通工具飞机，则只需要两个多小时。

　　从机场到达兰州市中心还需一个小时的车程，这要看市区内道路的情况。之所以在距离兰州市区50公里的地方建机场也是因为现实情况的制约。沿黄河两岸的狭窄山谷早已布满了其他建筑。而黄河从发源地青藏高原到关中平原上百公里的沿岸被山脊和群山包围着。黄河在历史上曾经制造了无数次洪灾。而在这里，两岸的山峰则可防止洪灾发生。与此同时，这些绵延不断的山峰也阻挡了当时的人们，所以他们只能走唯一的一条小路，即古丝绸之路。这条狭窄的小路被称为"河西走廊"（位于黄河西面）。在河西走廊之前或河西走廊之后，商队可以选择其他道路行进，但是在这段近千公里的"河西走廊"上却没有第二条路可以选择。当然，要在新丝绸之路上修建铁路、公路，铺设管道也没有其他道路可选。所以铁路、公路和管道相互靠得很近，相互平行。也正因如此，人们称甘肃是"新丝绸之路的黄金段"。

　　在向市区行进的途中，透过车窗，你会看到窗外不断变换的景色，甚至认不清那些陌生的植被。时而是浅褐色山丘，时而是平原地带一块块的绿色庄稼。在某些山丘和小山坡可以看到梯田，在田里似乎是刚刚栽种的树木和灌木丛。偶尔会看到一条条急流自上而下穿过种植梯田的斜坡流下来，在空中留下一道道彩虹。因为兰州是中国最干燥的城市之一，所以，在这样的条件下种植植物需要做大量的工作，也不能缺水。不进行灌溉就无法看到绿色，而没有绿色植被就不能呼吸到新鲜的空气。几十年来兰州及其周边地区都曾以干旱的气候和干燥的空气而闻名。说实在的，开始我还真的担心我自己的呼吸道会出毛病呢，但实际情况并非如此，至少在这里的三天我呼吸很顺畅。

兰州是个有两千年历史的城市，但是这里的名胜古迹并不多。位于山顶上的佛塔（白塔）就是其中之一。一般认为祁连山脉就是从这座山开始一直向西绵延开去。站在山上，整个城市一目了然，还可以

▼ 黄河岸边的兰州市

看到宽广的黄河，以及河上的几座桥和一排排沿河的街区。已经建成的 25—30 层高的楼房和正在施工的 40—50 层的高楼清晰可见。白塔旁边是一座稍矮一些的寺庙，旁边还有几座清真寺。其中一个清真寺就建在河边，形状如有头有尾的船，船舱是祈祷室，而桅杆处是清真寺塔。

　　不远处是一个简约博物馆，其实是一处名胜古迹——五孔桥。这

▲ 毗邻佛教寺庙的水上清真寺

座桥由德国工程师修建于1909年，现仍在使用，只是已禁止车辆通行。很多人以桥为背景拍照，包括一些旅游者和从其他省份抵达甘肃的人。根据这些人的装束和皮肤晒黑的程度可以清楚地认出他们是回族、东乡族、保安族、撒拉族还是其他民族。他们有的穿藏袍，有的头戴穆斯林银线绣花头巾。人们在河岸散步、约会、拍照。这里还有一些兰州拉面馆。兰州拉面就是牛肉汤面，是兰州的特色小吃。这种辣味的、很容易吃饱的小吃在中国很有名。我在南方的广州和北方的满洲里以及北京和上海都曾品尝过兰州拉面。据中国贸易部的统计数据，兰州拉面饭馆和小吃部在中国已有10万家之多。辣汤汁，一大份面条外加几片牛肉，做法简单，还很容易吃饱，同时也符合清真的信仰，符合汉族、回族和藏族人的口味。这样的小吃在中亚各国和日本也有，名称也都与"拉面"相近。难道这不可以作为丝绸之路的象征性食品？

茶马古道

我稍做休息后便急匆匆地去了甘肃省博物馆。这个博物馆里的有关丝绸之路的收藏品闻名海内外。但是，到那以后，听说由于正在准备一次大型展会，因此我们不能亲眼看到这些收藏品，我简直是伤心至极。然而，塞翁失马焉知非福！在博物馆的一个楼层正在展出"古代茶马古道"藏品。原来，这条古道比丝绸之路还要古老！秦始皇曾力图向西部扩大自己的统治，统治当时分布在现今云南省的各国。他下命令要修筑一条能穿山渡河的道路。这条路有5尺（150厘米）宽，因此也称作"五尺道"。然而，这个修筑了长城和这条具有战略意义道路的秦始皇在"五尺道"竣工前就死了。

这条具有军事战略意义的路线后来被商人们利用。在西汉时期很多驮着商品的骡子、驴子和牛,还有背着商品的人们曾沿着被踩出来的道路和山间小路缓缓前行。茶马商路在唐宋时期最为繁荣。在这一时期,丝绸之路也达到繁荣的顶峰。两条商路,一条自南向北,一条自西向东,在几个地方交汇,甘肃就是其中一个交汇点。沿路为方便商人修建了客栈和集市,设立了海关和关卡,由军人守卫。茶马古道穿越多个地区,包括当时的一些独立国家和一些附属国家。人们通过这条古道把普洱茶从大理和现在云南其他地区及四川等地运往西藏,再从西藏山麓向中部地区运送马群。这些是当时运送的主要商品,但绝不是唯一的贸易项目。来来往往的商品还有丝绸和陶器、铜镜和举行仪式所用的家什器皿、乐器和书籍等等。这些商品的交换促进了各地区间文化的交流。

在博物馆的地图上可以看出,自东向西的商路与从黄海沿岸的连云港到新疆乌鲁木齐的铁路和由"西欧—中国西部"国际公路是平行的。南北方向则与甘肃到宁夏和青海的公路相吻合,这也绝非偶然。就这一话题我曾经和几位当地高校的教授学者进行过交谈。他们是历史学专家,是研究当代中国与中亚邻国以及与俄罗斯关系的专家。

不说万里长城——何谈丝绸之路

"古人的聪明程度并不亚于我们,甚至比我们还要聪明一些,"兰州大学中亚研究所所长杨恕教授说,"古代各朝的统治者很清楚河西走廊和整个甘肃的战略意义。"在秦始皇统治时期,为了抵制匈奴的入侵,开始修建长城,而且在西部地区设立陇西行政机构。最伟大的皇帝是下一个王朝汉朝的皇帝汉武帝，他在河西走廊设立有效的监督。当时河西走廊是最主要的商路，两千多年来被称为丝绸之路。正是由于他的管理，商路得到发展。那个时候，中国曾发生暴乱，百姓都从中部迁徙到西部地区，因为在丝绸之路沿线有长城的守护比较平静。

唐宋时期中国十分繁荣，中国文明对西方的影响开始扩大，已经越过万里长城到达伊塞克湖和天山地区。蒙古人沿着丝绸之路征服了中原，建立了元朝，后来又征服了附近的一些国家，并把成千上万的被征服的人迁移到中国内地。后来明朝统治者战胜了蒙古人并把他们驱赶到北方地区。同时把河西走廊一直到嘉峪关一带建成了牢固的防御线，加固了原有的长城，还修建加长了新的长城，建立了新的要塞。不久前考古学家计算出，明朝时期在甘肃建造的一段长城总长度达1738公里，是中国最长的一段长城。清朝统治者极其重视甘肃的战略潜力，向甘肃地区注入大量财力，派军队越过兰州沿河西走廊，驻守西部地区，后来这个地区被称作"新疆"，即"新的疆域"。

"西方强国在19世纪中叶，趁清朝统治走向衰落，开始觊觎这个地方。英国、法国和俄罗斯的学者，以及一些'便服乔装的旅行者'开始研究寻找通往西藏和中国内地的道路。那时，整个世界都知道在中国有个敦煌莫高窟，得知那里收藏着大量的佛教壁画、雕塑和手稿。当时，在兰州还出现了一些工业。清朝政府为抵御西方列强在这里修建了军械库。"

"在20世纪30年代，苏联建立了'红色丝绸之路'，一队队货车和骆驼商队穿越阿拉木图进入伊宁、乌鲁木齐、哈密一直到达兰州。他们运送步枪、机关枪，飞机和坦克部件，用以帮助中国人民抗击日

▲ 兰州新区重型机械厂的苏联设备

本侵略者。中国人民在兰州把这些武器装备好再运送到抗日前线。日本人也同样明白兰州的重要性，曾多次轰炸兰州城，但是日本步兵却无论如何都没能到达这个守卫森严的城市。值得庆幸的是，正是在战争年代，一些工厂从中国东部转移到这里，还来了一些工程师和学者。"

1949 年新中国成立后，一大批苏联专家经由丝绸之路浩浩荡荡地来到中国，帮助中国人民进行社会主义建设。中国第一个五年计划时期（1953—1957），在苏联人民的帮助下建立的 50 个大型企业，其中有 12 个建在甘肃，有 8 个就建在兰州。苏联和中国的领导人都很清楚甘肃的战略意义，这里远离美国航空母舰，靠近苏联，因此便于与苏联进行联系，于是决定把中国原子工业基地建在这里。1956 年在兰州大学成立了原子物理教研室，同时，在兰州市建立重型机械制造厂用于生产必要的机械设备。

由于中国人民的创造精神和忘我的劳动，在 1964 年成功地试爆了中国第一颗原子弹。到了 1978 年，中国确立了邓小平的领导地位，在全国实行改革开放，国家开始步入了正常的发展轨道。最初，东部沿海地区得到了迅猛发展，因为东部沿海地区靠近港澳台地区，临近东南亚各国，最适合引进外资，吸引外商。至于甘肃以及中国其他西部地区的发展，是在过了 20 年后才开始真正被关注。

甘肃省委党校副校长范鹏教授从"西部大开发"开始谈起。为了与东部沿海地区平衡发展，中央提出加速西部地区发展的战略规划。"1999 年中央政治局和国务院做出决定，加大对西部落后地区的资金投入，促进经济及社会生活各领域的发展。要想满足所有的要求，实现领导层和居民的理想光靠甘肃自己是不现实的。我们兰州人很清楚，我们自己的资源是不够的，未来我们很多具有重大战略意义的工程项目，从航天发射场到生产原子能电站所需设备的工厂，都将依赖于中央政府的决策。"

"当然，我们自己也拥有发展的机遇，我们也在讨论发展问题，制定发展计划，向中央汇报自己的想法。2013 年习近平主席提出了发展'一带一路'的倡议。在此之前，我们就已经布局在全甘肃建设华夏文明传承创新区，我们尤其强调了古丝绸之路和敦煌宝藏的重要性。就在当年 9 月，中国领导人发表讲话，号召建立'新丝绸之路经济带'。整个甘肃省为之振奋，大家都明白，我们的光明时刻到来了，因为丝绸之路是不可能越过我们这个黄金地带的。由于事先我们已经有了自己的想法，再加上当地领导和专家团的研究讨论，我们省先于其他省份向中央提出了甘肃省的建设意见。2014 年年中,文件被送到国务院和国家发展与改革委员会。就在当时,根据时任甘肃省委书记王三运的建议,采用了'丝绸之路黄金段'的名称。"

执政党的说与做

中国共产党是中国的领导核心,而在国外这个简单的事实并不容易被理解。中国共产党经历了无数次考验仍然保持着核心地位,如同一个人的血液输送系统,中共中央政治局就是"心脏",全身所有血管都通达这个心脏。在毛泽东逝世后的 40 年间,中国共产党证明了自己有能力纠正错误,有能力采取并实施正确的政策。

1978 年实行"改革开放"政策以来,中国由一个贫穷的不稳定国家变成了世界第二大经济体,跻身世界强国之列。但是世界发生着变化,中国也在发生变化。国际金融危机使得中国商品的需求量降低,商品生产的成本提高。环境污染范围不断扩大,中国的国际形象受到损害,甚至还遭到一些国家的公开反对。因此,需要尽快进行改变。

在党的第十八次代表大会之前,习近平和党的其他一些领导人就已经在制定长期的经济、社会、政治和军事改革方案。就在大会结束几天后,习近平总书记向全国人民宣布了这个计划,即要实现"中华民族伟大复兴的中国梦"。之后一些重要的规划构想不断出台。其中就有建立"丝绸之路经济带"的战略构想,而甘肃省则自认为是丝绸之路上的"黄金段"。

我面前坐着甘肃省委副书记欧阳坚和宣传部长梁言顺,他们就是甘肃省负责实施这个倡议的人。他们两个人都穿着统一的服装——白色衬衫，系着领带。

　　能够从这么高级别的地方领导那里得到第一手信息资料对于一个普通旅行者来说可是一大幸事。我和梁言顺部长是 2015 年在莫斯科认识的，当时他随中央党校代表团一起来到莫斯科，他作为中央党校校委委员、科研部主任，曾邀请我作为中俄关系专家进行了座谈。几个月后他就被调到甘肃，当然，这样的干部调动在中国是经常的。这个笑容可掬、有学者气质的梁教授被任命为甘肃省委常委、宣传部长，他仍然还像以前那样开朗、爽快、平易近人。

　　甘肃省委副书记欧阳坚也不是甘肃本地人，他出生在中国西南部的云南省。他举止端庄，说起话来慢条斯理。按照中国的礼节进行了短暂的寒暄之后，我们就进入了正题。

　　在与他的交谈中我得知，中央的"中国梦"计划和"一带一路"倡议对甘肃的发展有着深刻的影响。在新的战略提出之前，甘肃省的领导就已经把重点放在了消除贫困和改善环境这两个重要问题上。甘肃省作为一个中国西部的贫困省，正在一步一步努力实现着党的十八大提出的战略目标，即在 2021 年建成小康社会。给贫困地区降低税率，帮助他们修建道路和灌溉设施，向他们提供先进的农业技术支持。将山区的贫困居民移居到空旷的平原地区，提供土地、水利设施和日用品。这一切措施都收获了明显的效果。欧阳副书记不久前刚刚从庆阳回来。2015 年庆阳的贫困人口达到了 193500 人，而到 2016 年年底贫困人口只剩了 15 万人。这是很好的发展方向，是其他贫困地区发展的榜样。

　　欧阳书记向我介绍说：至于环境治理问题，省领导正在集中精力搞绿化，减少烟煤的使用，把一些重排放企业搬到市郊。不久前还是光秃秃的山坡,现如今已经栽种上了上百万棵的树木,漫山遍野绿树葱葱。很多人都自愿地参加到绿化和引水工程中来。空气质量也由于烟煤使用的减少而变得清新。300万人口的兰州市在2011年底成功关停了1300个燃烧廉价烟煤的锅炉。利用地方政府补贴,居民使用的15万个加热设备开始改用清洁能源和较贵的无烟煤。年用煤量为620万吨,比之前减少了400万吨。烟煤用量还会减少,因为燃气管道已经从土库曼斯坦、乌兹别克斯坦和其他中亚国家铺设到了兰州市区。同时为减少空气污染,这里已经开始修建地铁来代替汽车交通。第一条地铁线已经在建设中,预计将建成三条地铁线路。

正如人们所说的那样,建设的成果是有目共睹的。目前,在甘肃一年365天中有252天可以看到晴朗干净的天空了。这比2013年多出了59天。联合国也关注到了兰州所取得的成绩。在2015年巴黎国际气候变化大会上,兰州市受到了嘉奖。"转移工厂是非常困难的事情,但是,新丝绸之路助了我们一臂之力。在'一带一路'倡议提出后,省政府根据现有条件制定了一系列综合性计划,力求把兰州变成'丝绸之路黄金段'。这些规划囊括所有领域,除了国家战略规划已经包括的战略建设项目,如高速铁路和高速公路的建设,在兰州正在建设新的火车站,这要感谢中央!同时机场的现代化改造也要感谢中央的支持!"

值得我们庆幸的是,在2012年高铁已经将兰州与新疆主要城市乌鲁木齐连接起来。也是在这一年途经兰州穿越整个中国的"西欧—中国西部"国际公路开通。在2014年末从兰州到青海省会西宁的高速铁路建成。到2016年底兰州到重庆的高铁铺设成功。高铁建成前从兰州到中国西部最重要的工业城市重庆需要20多个小时,而高铁建成后只需7个半小时。2017年兰州—天山段高铁将建成，到那时列车可以每小时300公里的速度从乌鲁木齐到达兰州，从兰州到达西安，到达北京和其他国内大城市。对于兰州人来说还有一件大喜事，那就是，2012年8月中央宣布把建设兰州新区作为全国优先发展项目。

欧阳书记说，到那时，我们该做什么呢？比如，我们可以利用"新亚欧大陆桥"的优势。"新亚欧大陆桥"从连云港穿越整个中国到达霍尔果斯，或更远，直达欧洲。在兰州将建设保税仓库，加工整理甘肃和邻近各省乃至中国西南和西北各地的进出口货物。我们正在对现有铁路线路进行现代化改造，同时建设新的铁路线，以便将货物运送到主要铁路干线，建设新的集装箱终点站和大型中转站。考虑到从中亚输入天然气，建设新的燃气管线，我们正在拓宽现有战略性燃气库，同时建立新的燃气库。

"我们计划考虑使地方企业面向'一带一路'倡议带动下所开发的亚洲中部和西部以及欧洲的新市场。我们有着丝绸之路的优良传统，我们建议在兰州新区建造现代化的商贸中心。在这里建设陆路港口、集装箱仓库及快速小理过关手续的口岸。并提议仿照上海浦东新区和西安贸易区在兰州新区建立自由贸易区。我们不能错过当地的文化遗产。甘肃领导层建议将敦煌建成国际文化旅游城，并在那里举办'国际文化博览会'。这个综合性规划的项目清单还有很多，说也说不完。我们的省市党政领导、学者，以及国企和私企领导都认真参与了该计划的研究制定。翔实的资料已于2014年递交中央。"

中央很快研究了我们的建议，并对三个重要计划给予赞赏。第一阶段，中央划拨一定的资金援助兰州新区建设，力争把兰州建成国际文化旅游城，并准备在此筹办第一届国际文化博览会。我们面临的任务是利用各种渠道，包括从私有企业吸引补充基金来扩大城市功能。我们的建设进展很顺利，欧阳书记这样总结道。

兰州新区

从生态学观点看，对于兰州，甚至对于整个甘肃省来说，建设兰州新区的决策非常重要，也是决定前途命运的决策。从机场到兰州市区之间是一片相对平坦的地域，这里有战略性铁路"新丝绸之路"和"西欧—中国西部"国际公路穿过。在这片平坦的空旷地带按照世界高新科技园区标准进行建设，铺设各种通信设施，通电，接通水管，铺设管道，修建道路，建设居民区等。不过，尽管兰州新区地域广阔（246平方公里），但是现今已经没有闲置的地方了，各地段都已派上用场，新区开发非常迅速。

在省委领导安排下，我们参观了一些我们感兴趣的兰州新区工程项目。于是我们只好原路返回，向机场方向驶去。首先映入眼帘的是正在施工建设的城市广场，高大的行政机关大楼和办公中心大楼，还有16—20层高的居民住宅。在上百米的区域内，一些企业的车间已经建成，一排排坐落在那里。笔直宽阔的道路直通建筑工地，在工地边立起了各种信息牌，上面写着未来入驻工厂的名称。这些建设中的中国公司和外国公司的车间看起来相当气派。最引人注目的是片片新绿，道路两旁和建筑物周围都是不久前栽种的树木，每一棵树都由三根小木桩固定住。树木之间有灌木丛，有些地方还建有花坛。主要街道都有向不同方向延伸的岔路，有些路段刚刚铺上柏油沥青，有些路段已经开始使用。

我们的参观从庞大的新村开始。重型机械制造厂 2015 年注册并从兰州市区搬迁至宽敞舒适的新区，与兰州石油化工机械厂和兰州炼油化工设备厂合并成立了"兰石集团"。这三个企业均在"一五计划"期间按照苏联图纸，在苏联专家的帮助下建立。当时在全中国范围内建成 150 个大型工业项目，重型机械厂当时是中国核计划生产基地。

他们没有邀请我参观与核计划相关的车间，当然，我本人也没有参观这些车间的打算。然而，刚进入宽敞的石油加工车间，我一眼就看见了一个五层楼房高的绿色大型压力机，上面写着"苏联乌拉尔重型机械制造厂"。当然，这种 20 世纪 50 年代生产的设备保存下来的很少，甚至在工厂博物馆里有关苏联援助的证物也不多见。但是，年轻的销售部主任杨刚说了几句话就让我心里暖暖的，他讲到了苏联在中国核动力的建设和其他工业领域建设上给予的援助是十分重要的。当时，这些领域在中国曾是个空白。

杨主任介绍说："2014 年中国政府决定拨款建设兰州新区以来，我们就已经开始了崭新的生活。转移那些污染严重的大型工厂用了 18 个月的时间，耗资 80 亿美元，还有 20 亿美元用于居民住宅建设。8000 名工人，1000 名工程师和科研中心的研究员都自愿搬迁到新区。我们生活在现代化的住宅里，这里的车间都装配有新型设备，我们还研发了新的产品类型。生产提高了一倍！我们自己都难以想象，'一带一路'的倡议会带给我们如此大的变化。"

"在中国，经过多年的迅猛发展，国内生产也出现了竞争，我们的设备开始过剩。但如今，新的市场已经向我们敞开。仅仅在去年的一年中我们就在土库曼斯坦、阿联酋、印度、美国和俄罗斯创办了国外公司。我们的设备，如井架、石油泵、开采石油和天然气的装置、煤气安装设备和浮力膨化装置等，都已运往土库曼斯坦、哈萨克斯坦和其他中亚国家，有些甚至运到波斯湾沿岸国家和埃及。还有一些来自俄罗斯的订单。我们期待着结束对伊朗的制裁，到时会有大量来自伊朗的订单。我们生产石油开采的成套设备和生产新能源所用的设备，比如生产太阳能、风能、地热等的设备及原子能发电站所需设备。我们集团的各个企业曾获得各种荣誉称号：'中国石化机械的摇篮和脊梁''甘肃工业的基石''中国出口先进企业'等。但是我们不能对所取得的成绩沾沾自喜。我们处于丝绸之路的中心地段，因此，我们应该向世界市场提供最先进的中国工业产品！"

参观完博物馆，我们来到了一座十层的办公大楼进行座谈。之后又参观了一个露天的成品仓库。黄色和橙黄色的井架、一排排石油泵整齐排列，还有一些大型机械占据了宽敞的厂区。这里铺设了起重机轨道和铁路站台。工人们正在把一个像燃气罐一样的石油加工反应器装上一辆大功力的拖车。这个拖车有 20 个轮子。在远处的仓库旁有一组铁轨，正在进行装卸工作。车厢上清晰地写着"一带一路"。看来，营销部的领导完全有信心乐观面对未来……

向西发展，靠近新的市场

新丝绸之路同样也给兰州科天投资控股有限公司带来了巨大的希望。公司由戴氏兄弟经营，于 2014 年由安徽省合肥市迁至兰州新区。该公司成立 13 年来一直生产清漆、涂料、壁纸、人造革、地板革、铺设人行道用的路面砖和其他建房用产品。公司的优势在于，其生产的产品有一半的材质是水性聚合物。水性聚合物的主要成分中不包含丁醇、甲醛和其他有害的化学成分。这种产品是绿色清洁产品，既可用于日常生活，也可用于生产。在一个车间里，我被一个鱼缸所吸引。浑浊的水经过净化后通过一条封闭的水生产管道注入鱼缸中，金鱼在鱼缸里安静地游来游去。工厂的导游建议我喝一口净化水，但我委婉地拒绝了。而她自己喝了几口后对我说，这里的水净化标准要比欧盟的净化标准还严格，甚至比中国的国家标准严格得多。随后我们还参观了桌椅展、耐火壁纸展、厨房用品展和一些装满各种水性涂料和清漆的瓶瓶罐罐。最后我们来到了公司老总戴家军的带有斯巴达式陈设

▲ 化工厂的环保工作永远不能放松

的办公室。

"我们为什么要从美丽的安徽搬到干旱的甘肃呢?这里主要有两个原因。首先,我们打算利用这里的有利地理环境。兰州是丝绸之路上通往西欧和中东各国、中亚、俄罗斯和伊朗等国市场的出口。我们很早以前就在做出口贸易,60%的产品销往日本、巴基斯坦和印度。这些市场在今后仍然由我们留在合肥的生产车间所占领,而兰州却为我们打开了新的视野。新的铁路干线'新丝绸之路'就在我们公司旁边,它直通莫斯科、鹿特丹和汉堡,'西欧—中国西部'国际公路可以直接通往哈萨克斯坦和俄罗斯边境。

"第二个原因是在这里可以重新按照现代化的标准建厂。地方政府为我们免除了三年的土地征用税,我们只需支付一半的常用税。另外,由于我们是重新建厂,还享有一些补充的刺激性政策。工厂的建设用了一年时间。但是,如果考虑到天气原因,能够开工的时间只是4月初到11月末,算起来也就8个月的时间。我们雇用了1300名工人和技术人员,还有100名学者和工程师参与研究新产品和新工艺。中央政府现在很重视环境问题,这里也包括化学产品和日常生活废品的处理问题。而我们的产品被列入十大清洁产品,也正是因为这一点,我们也享受到了一定的优惠。当前我们的产品比传统的同类产品贵了一些,但我们也在逐渐降低生产费用。此外,我们也想为中国以及世界各国做些有益的事情。"

新机遇，新梦想

"创新"一词在参观和盛堂制药厂时经常被提起。这个制药厂是在 2015 年迁至兰州新区的。"我们厂于 1998 年建于兰州市中心。但是现在厂区明显感觉拥挤，要发展生产就需要有宽敞的厂区，"药厂经理姜和带着我们从一个展台走向另一个展台，一边指着一张张图表，一边向我们做介绍，"无论是国内还是国外，对我们产品的需求在不断增加。我们已经在哈萨克斯坦和吉尔吉斯斯坦建立了中医药市场，同时也开始在近东国家，以及匈牙利和白俄罗斯开展自己的业务。我们还把药品出售给一些大的国外药业公司，他们冠以自己的品牌在自己的国家出售。对我们药品需求量增加是完全可以理解的，因为我们十分重视中医药和藏医药的传统，同时也在不断加以创新。甘肃省有丰富的独特草药。对于当地山区的农民来说，采集草药也可以得到一些生活上的补贴。我们还从西藏和其他省份购买草药。顺便说一下，在俄罗斯和哈萨克斯坦也拥有质量上乘的草药，我们当然也打算从那里购买草药，或者在那里建立药品初加工车间。然后再把成品药投放到俄罗斯市场，这也是不错的方法。其实，在几年前我们就在俄罗斯建立了传统中医药市场。"

在宽阔的厂区转了一圈，我又想起了甘肃是个气候干旱的地方，光秃秃的地表，干巴巴的低矮荒草，还有刚刚栽种的松树和其他树木。现在道路从长满草药的山岩直接通到熬制车间，这些草药在这里被熬成浆汤，然后送到烘干车间，进行烘干饱和溶液。然后将所得的溶液送到化验室，对其所含金属物质和其他杂质含量进行检测。所有这些工序完工后，才开始制成品药。这些车间可谓是工厂的神圣之地，他们答应我下一次再带我去参观。于是我被带到了包装车间。"这些药品就是我们的骄傲，"姜和说，"这些药可以帮助人们戒毒。而从另一条传送带上输送的药，可以帮助产妇产后恢复健康。而那种草叶和树根混合成的药物可以帮助人们解决胃部不适问题。这些滴剂可以帮助老人保持记忆。我自己就使用这种药，建议你也试试。"

姜和经理又指向一打写着神奇名称的药盒和一些瓶瓶罐罐，为我们讲解这些药物的作用，之后他补充道："考虑到新丝绸之路上的一些新的市场，我们已经开始注入大量资金研究革新方案，研究潜在市场。我们已经研制出一些新药特效药，现在正在用动物做试验，在2018年正式完成试验获准进入市场。我们正在将传统的中医药与西药进行合理结合，也已经开始生产美容产品。正如人们常说的那样，'新机遇，新梦想'。此外，我们还希望利用便利的交通条件和自由贸易区优惠的出口政策来拓宽丝绸之路沿线国家的药品市场。"

"我知道，城市会崛起；我知道，鲜花会盛开！"

我们从一个工厂来到另一个工厂，沿路不止一次地穿过一座座现代化建筑。三层地上立交桥将两座圆形六层高的塔楼连接起来。塔楼用玻璃和白色混凝土建成。这两座塔楼十分引人注目，顿时让周围的宾馆和商业中心这些传统建筑黯然失色。塔上用中文和英文书写着标语"兰州新区综合保税区"。建筑内部依然标新立异——宽敞的小山丘和走廊，雕塑和喷泉。很多办公空间在当时（2016 年 4 月）还没有被利用。但是，在中国国务院决定建立新区综合保税区（2014 年 7 月 15 日）几个月后，贸易区的主体大楼就已经开始动工，这一事实就可

▲ 兰州新区的自由贸易区

以说明很多问题了。

　　尽管我不是一个商业界的代表，但是国际部的年轻工作人员仍然很热心地接待了我这个俄罗斯参观者。

　　"国家八个部委的代表们认真审阅了我们的工作计划之后，我们很快获得许可，并于2015年圣诞节前夕开工了。我们享有很多的优势。

　　"首先，我们拥有宽阔的场地。第一期占地2.86公顷，所有设施都已建成，包括主要的办公楼、仓库、海关和工厂大楼等。第二期还有半公顷的用地，计划在2019年前竣工。

　　"其次，我们的地理位置优越。兰州自由贸易区正位于'新亚欧大陆桥'上。这条主要干线从连云港经过我们这里一直通往乌鲁木齐，更远可到达哈萨克斯坦、俄罗斯和德国……距离自由贸易区不远还有铁路编组站，与这条铁路并行的是一条客运铁路。这条客运铁路一直通往乌鲁木齐市。火车站距离我们这个办公楼只有几百米远。

"离自由贸易区不远处,集装箱专用自动化列车行驶在'西欧—中国西部'国际公路上。现在这条路还只能通到哈萨克斯坦和俄罗斯边境。我们贸易区与兰州国际机场毗邻。机场扩建后,将新增货运终端站,修建存放鲜肉和水果的冷库以及手续迅捷方便的海关。我们这里离甘肃省会只有 70 公里,再过两年,兰州新区与老城区就将被市郊列车连接起来。

"最后,我们获得了所有与上海自由贸易区相同的特权。首先就是设立保税区,享有有利的税收政策。比如,俄罗斯公司可以把自己的原材料或半成品运送到我们这里进行加工,然后再运回到俄罗斯或再次出口,所有这一切都是免税的。在我们这个自由贸易区与丝绸之路沿线国家进行贸易活动十分便利。现代化的进出口商品仓库十分诱人,只是进出口商品需经海关检验,而且不管商品存放多长时间都是免税的。至于说到生产,我们非常欢迎具有较高增加值的高科技产品生产进驻自由贸易区,尤其是化学工业、石油加工工业以及生物制药等产业。这些领域的设备和材料运抵贸易区同样享受免税政策。正是由于这些便利条件,我们贸易区即将成为全国乃至国际生产、贸易和物流中心。但是,自由贸易区的全面完工还需要几年的时间,需要中央和地方政府的支持,需要外国合作者的积极参与。"

第二天,离开兰州时,在前往机场的路上,我们又一次路过兰州新区。我简单梳理了自己的各种感受。自从 2013 年提出建立"新丝绸之路经济带"的倡议到该倡议实施的初级阶段所取得的成绩,不仅为地方经济注入了补充预算投资,同时也展示了甘肃这个丝绸之路黄金段的美好前景。"新丝绸之路"把中亚和欧洲各国以及近东国家联系在一起,形成了一条生产和交通链。政府决定建立兰州自由贸易区,这充分显示了当代领导人在中国西部建立与上海相媲美的商业中心的信心和决心。在这里，实施既定计划的速度是惊人的。大型工厂可以在一两年内建成，平均每年建一座工厂。兰州新区以前所未有的速度发展起来。在最初几年就已建成了设备完善的现代化工作场所和150万人的居住场所。消除贫困和治理环境的速度也同样惊人。更让人印象深刻的是这里的人们——党的领导干部、学者、国企领导、企业家、建设者和园艺师！

从飞机的舷窗望下去，道路把整个兰州新区划分成一个个整齐的街区。于是，我想到了马雅可夫斯基的一句诗："我知道，城市会崛起；我知道，鲜花会盛开！"此时，我还想加一句："只要有这样一些中国人在！"

第八章

河西走廊

绵延千里的奥秘与奇迹

"河西走廊"，中文的字面意思是"河西侧的走廊"。然而这里所谓的"西"，并不是我们通常理解的世界范围内的"西方"，而是特指广阔无垠的"西域"。在这里，有雄伟的黄河与长城，广袤的沙漠与充满生机的绿洲，以及那华丽的城堡、庙宇和人潮涌动的城市，所有的这些构成了完整的通商路线，已经有两千多年的历史了。这里以前被中国人称作"西域之路"，直到1877年德国学者费迪南·冯·李希霍芬出版了《丝绸之路》一书，才让这个称呼在全球包括中国流行开来。

　　大自然将河西走廊塑造得像细长的"瓶颈"，若要从中国向西前行，无论如何也无法绕过中亚国家阿富汗、伊朗、巴基斯坦和印度。始于甘肃省会兰州的祁连山脉形成了"走廊"西侧，绵延近千公里几乎到达敦煌绿洲。这里到处都是精美的人造景观，其中最主要的则是蕴藏大量古老佛教壁画和塑像的莫高窟。从北数起，还有许多其他的山脉，如白山、南山、马鬃山、龙首山等等与此平行延伸。这里时而狭窄，时而宽阔，其间既有低矮山丘，也有高达6000米的雪域高峰，这就是所谓的"河西走廊"。

　　众所周知，所有的走廊都是从一个"房间"通向另一个。早在学生时代，当我读完俄罗斯著名旅行家 В.А.奥布鲁契夫、П.К.科兹

142

洛夫、H.M.普尔热瓦尔斯基和 C.Φ.奥利金布尔格的著作后，走完这绵延近千公里的"穿廊房"，哪怕只是短暂地看一下这些"房间"，便成了我的梦想。终于在 2016 年 8 月，我的梦想实现了。我与中国学者一起，用了一周时间开车走完兰州到敦煌的全程，在这些庞大且有趣的"房间"驻足观望，其中包括武威、张掖、嘉峪关和敦煌。

从贫困通往小康之路

从兰州到下一个大城市武威间的公路——这是新丝绸之路的区段。连云港—霍尔果斯高速公路或称国道 G30 是"西欧—中国西部"国际公路的一部分，其始于沿海城市连云港，途经郑州、西安、兰州，直至中国与哈萨克斯坦的边境线。哈萨克斯坦路段目前仍处于不同的铺设阶段，其终点是到哈萨克斯坦与俄罗斯奥伦堡州的边境线。之后该线路还会经过圣彼得堡，最终到达西欧，但目前谈此还为时尚早。

连霍高速在双向上都铺设有上等沥青，装有护栏及中英文指示牌，并配备加油站和休息区。G30 兰州到武威路段长约 300 公里，需要穿过 4 个隧道，其中最长的约为 6940 米。由于祁连山支脉坡度渐缓，从而形成了肥沃的平原，透过车窗能看到极似俄罗斯的风景——田地里日渐成熟的谷物泛着金黄色，干草垛整齐地排成行。其中种植的谷物不仅有小麦，还有西藏常见的青稞和高山大麦。与田地相邻的还有花圃，种植着郁金香、松果菊和甘菊，自古以来这里的农场主就有种植药材作物的习惯。此外，在一些空地和荒地上还能看到零星的果树。

以 100 公里的时速行驶两个小时后，我们到达了古浪县阳光新村。三年前，一批山上的贫困农民被安置在这里，这些在主街道上簇拥着

▲ "中国梦"实现了老汉的"新房梦"

我们的人们,以前可都生活在贫困线以下。他们有的蹲在高墙下的荫凉处,有的从统一样式的白色房屋走出门来,一排排有序地站在混凝土灌注的大街上。街道两旁栽种有花草树木,还能看到有关"中国梦"的鲜明的宣传海报。上了年纪的人由于风吹日晒,透过他们的脸庞似乎能看到往日为了生存而拼搏的一个个故事。这些人有的将信将疑地观望,也有的逐渐开始带着微笑欢迎我们。孩子们感兴趣地打量着我们这些陌生人,却不敢走近我们。青年人则很少,有些在田里耕作,有些外出打工了。

我们被邀请到一个名叫王占霞(音译)的姑娘家里做客,她妈妈和长兄一早就去田里干活了,她留下来照顾老人。这间不大的房间里的主要家具,是一个盖着纱布的音箱和大大的沙发。墙上挂着有关孔子格言的书法作品,框上插着一些照片,走近一看是她的毕业照片。

她目前准备到河北某学院上学，这种上学的惠民政策是国家十年补助项目的一种形式，还有一种形式则是大学生家庭可以优惠获得三居室的住房。就像所有的新房一样，房内供电，更重要的是有清洁的饮用水，这对于他们移居前的干旱地区和山地来说是十分珍贵和奢侈的。姑娘手上拿着手机，时不时地看一眼屏幕，亲切地回答我们的问题。最后，她礼貌地微笑鞠躬，把我们送到种植着玉米和南瓜的小院的大门。

离这不远处，还有个叫何开一（音译）的老人住的房子。他的儿子和女婿外出打工了，女儿正在田里干活，只有他一个人在家。前不久他刚满 60 岁，已经可以领到每月 85 元养老金了。领的钱虽然不多，但比起以前可是强多了，以前什么都没有。他的房里摆放着电视机，沙发上放着许多毡子坐垫。每个家庭都有自己的田地，按照国家规定每人可以分到 1.75 亩地，承包期为 30 年。新移居的居民在地里种有小麦、玉米、土豆、西红柿、黄瓜、南瓜等蔬菜。何老汉看上去身体硬朗，目前还不需要看医生，但是在这个约 5000 户居民的村子已经配备了几个保健中心和门诊，有面向孩童的一所中学，精明能干的居民还开办了商店、作坊和汽修店。

在古浪县这样的移居村有整整 10 个，安置了约有 4 万人，仅在这个移居项目上省政府就投入了 18 个亿。根据中国共产党的决议，为了摆脱贫困，全中国要在 2021 年前完成脱贫计划。这就意味着，届时中国处于贫困线（年收入 2300 元）以下的居民人数要从目前的7000 万减为 0。恐怕这将是中华史上最辉煌的一场胜利！

正午时分，所有中国人关心的就只有午饭了。在村子的公共中心为旅客提供了简单饭菜: 各种蔬菜, 麻辣鱼, 米饭等, 当然还有大菜——

烤羊肉。而茶水,几乎在甘肃的所有地方都不提供。由于水源稀少,最后食堂会拿面汤和西瓜代替。热情好客的主人骄傲地告诉我们,所有的这些粮食瓜果都是他们自家种植的。

从古浪县到武威市非常近。公路旁是精耕细作的肥沃田地,离成排的房屋的不远处,有着看上去不高的土堆,再之后这土堆变成高高的围墙并逐渐延伸至1公里、5公里、10公里,司机平静地说道:"明长城。"在推翻了元朝统治后,明朝皇帝下令修建了长城,选址近似2000年前首次修建汉长城的地方。这些古老的防御工事现在已经所剩无几,只是在一些小山头上能看到一些烽火台。明长城尽管是"土坯"制成,但部分区段保存得还不错,远远地望去,时隐时现……

武威市的文物

中国人在边疆区修建长城的历史要追溯到汉朝。最初张骞作为使节前往匈奴部落,游历及被俘历经15年之久,但却带回了大量重要的情报,其中最主要的就是有关河西走廊的通行能力。考虑到西部边疆潜在的威胁,汉武帝很快就命骠骑将军霍去病率兵出击匈奴。当时在河西走廊建造了防御城墙和4个现在看来都依然强大的关隘——武威、张掖、嘉峪关和玉门关(敦煌附近)。关隘之间相隔200—300公里,驻守着能够快速反应的骑兵。同时还有能释放烟雾信号的烽火台,信号可见度达到10—20公里。

几千年来,今天的武威市不止一次易主,不断更换名称。经历过支持商贸和丝绸之路的汉、唐、宋朝的衰落,也经历过元朝、清朝的统治。凉州这个名称被使用了近百年,这座城市被不断更迭的中国朝代所管辖，有时被藏族人占有，有时又被维吾尔人和党项族王朝西夏占据，直到 13 世纪元朝才将武威和整个河西走廊归入中国版图。经过上千年的多民族融合，中华民族才形成了一个统一的文明共同体。

虽然政权的更替有时会中断，但是丝绸之路上的贸易却从来没有停止过。高山和沙漠的存在，使得商队只能向武威前行而无法绕过这个地方。雇主缴纳税款后，商人们不仅获准继续通行，还可以补充给养、休息以及增添新的骆驼和马匹。两千多年来，武威的存在和蓬勃发展使得这里积累了璀璨的文化遗产。如今，这里及四周著名的古老庙宇里满是游客，施工时还从地下意外发现大量新的遗迹。

1969 年在建造防空洞时，在雷台寺附近的墓地中出土了大量文物，该墓地属于汉代有钱有势的张某。除了几千件铜钱等物品外，还包括一整批的青铜雕像，描绘的是某军事长官抑或是重要人物出行的盛大场面。在一旁还发现了著名的"马踏飞燕"青铜雕像，很快这件文物就成了武威市乃至整个丝绸之路的象征。

这件满是铜锈的雕像身高 34.5 厘米，长 45 厘米，宽 13 厘米。雕像描绘的是一匹疾驰的骏马，三足腾空，飞奔向前，只有单脚短暂触地，足踏飞燕。马首稍向左转，马口微张像是在吐气或是嘶鸣。目前这件文物作为兰州市的甘肃省博物馆的主要展品，曾多次到北京及其他国家首都展出。

就在武威雷台寺附近，也就是"马踏飞燕"出土的地方，为了纪念这件文物还建造了一个雕像公园。公园中，在一根 10 米高的柱子顶端树立着一匹两三米高的飞驰的骏马，下面是有些低洼的平台，仿照出土文物复制了整个马军，共有 17 名士兵、38 匹马、14 辆马车、29 个随从和一头牛。最前面的自然是那匹最重要的骏马，后面是骑着稍小一些马的骑兵，共两排，每排 9 个。再后面是马车及手持战斧的骑手，显然这是"军队的象征"。最后跟着的是三排几乎完全仿照"马踏飞燕"样式马拉的马车，他们被士兵和随从用看不见的缰绳牵引着。所有的这些马匹和马车都环绕在纪念碑的周围。

在雷台寺地域发现"马踏飞燕"其实并不意外。在游牧民族和农耕民族间的作战中，马的战斗能力可以说决定了战役的成败乃至国家的命运。张骞出使西域的其中一个重要目的，就是要从月氏人那里购买骏马以抵御匈奴。这种来自今天费尔干纳和西藏山麓地区的骏马与中原品种杂交，就形成了所谓的"战略武器"。而其中最重要的一个繁育中心就是在凉州（武威）。在雷台寺的小型博物馆里展出有从汉代墓葬出土的马像，这些马像是用不同的材料制成，有瓷的、黏土的、木头的，还有青铜的。

伟大的佛经翻译者

雷台寺是佛教寺庙，武威是中国佛教传播的中心之一。雷台寺始建于 321 年，当时处于东晋统治时期。在这一时期，佛教在这些地方备受敬重。从西方来到武威的不仅有一批批骏马和带着稀奇古怪货品的商队，同时还带来了宗教。各种不同教派的信徒将各自的信仰介绍给河西走廊乃至整个中华大地的居民，而其中最有名的一位就是高僧鸠摩罗什。中国人将其梵文名字用中文音译，后为了简洁就直接称呼为"罗什"。佛教传播过程中的一大障碍，就是梵文和中文两种语言之间的巨大差异，梵文是拼音文字，而中文是象形文字，中文的每个字都要按音节去读、按偏旁部首去写。

鸠摩罗什及其先人早在公元初就来到了中国，而之后的翻译可是颇费了一番周折。首先他们要穿越数千公里来到中国，然后不得不去学习中文。但是，即使是克服了语言障碍，他们还要向中国人去解释复杂的形而上学的概念以及乍看上去朴实无华的印度文明，而所有的这些困难，鸠摩罗什等人都一一予以克服。

鸠摩罗什成为丝绸之路真正的象征。他约 344 年生于高昌国（今

▲　佛经的翻译者鸠摩罗什被尊为圣人

149

新疆库车），其母是该地的公主，其父是从印度北部到此的佛教徒。在寺院做了七年学徒后，鸠摩罗什又在克什米尔的佛教中心生活了数年，之后决定前往中国。最初他来到敦煌，在这里的洞窟中有西域各国及中原的僧人，他们合力用壁画和塑像装饰着洞窟，并将佛经翻译成中文。

这个年轻的僧人因其惊人的记忆力很快就掌握了中文，然后参与到了集体翻译工作。不久，他决定独自前往东方继续翻译和传教工作。鸠摩罗什到达凉州的时间是382年，为了满足当地国王的愿望在此生活了整整17年，当地国王自身并非佛教徒，但非常看重迅速成名的鸠摩罗什的智慧。在"罗什大师"给僧人宣扬佛法、传授翻译技巧的地方，如今还留存有一座寺庙。

穿过带有精美雕花的木质拱门，迎接我们的是一群剃着光头，匀称挺秀，身穿传统褐色服饰的年轻僧人。按照习俗，我们绕着美丽的白塔按顺时针方向走了一圈。这座用砖砌成的塔早在488年就已经建成了，1927年由于凉州地震致使这个12层的塔倒塌，不过很快就又修复了。鸠摩罗什并没有在这个塔里待过，因为在401年他就按照皇帝的指令去了长安（西安），在800名学徒的帮助下继续着佛经的翻译工作。由鸠摩罗什和他的学生翻译的大乘佛经包括《金刚般若经》《大品般若经》《妙法莲华经》《维摩经》《阿弥陀经》《中论》《百论》《十二门论》《成实论》等。请读者原谅我将上述著作用汉语读法记录，我绞尽脑汁耗时两年才将其中一部在中国首先发现的《四十二章经》从中文翻译为俄文，因此我十分钦佩鸠摩罗什及其同伴的壮举。

413年，著名的翻译家和传教士在其70岁时与世长辞。据传说，在武威的塔下留存有他的一部分遗骸——舌头舍利，至今他仍被人们供奉在寺庙的主殿中。寺庙悬挂的书法作品写满了对"罗什大师"的赞誉，其所使用的黄色屋瓦，那可是皇宫和孔庙才享有的待遇。游客们来到寺庙跪在垫子上向神像磕头，这里供奉着盘腿"坐莲"的"罗什大师"，他一只手做着佛教祝福的手势，另一只手拿着一堆佛经，他的译本被认为体现出了中文的简洁明了，既准确又优美。在所有的佛教译本中，鸠摩罗什的版本被认为居于首位，甚至超过了著名的"唐僧"玄奘的译本。玄奘历经数年到印度取经，之后按照皇帝的要求将译本带回长安，吴承恩将这段旅程写成了古典小说《西游记》。

武威市及周边地区的名胜古迹体现了佛教在丝绸之路历史上的重要作用。虽然天梯山及其著名的坐佛因为修缮工作我们未能参观游览，但白塔寺是完全可以去的。这是一个巨大的由108（佛教中的神圣数字）座藏式佛塔组成的曼陀罗（佛教神界布局），几个世纪以来正是从这些佛塔衍生出著名的中国佛塔。在白塔之间还种植着松树，花坛中的玫瑰与池塘里的莲花正在盛开。

在这个公园里散步的时候肯定会经过一个典雅的亭子，这个亭子对中国历史来说具有重要意义。1247年就是在这个地方，西藏昆氏家族头目、萨迦派佛教传人萨迦班智达坚赞与蒙古宗王阔端举行了著名的"凉州会盟"。经谈判西藏正式加入蒙古帝国，作为交换条件准许萨迦派在国内传教。萨迦班智达的侄子八思巴·洛哲，这个当年参加历史性会面的十岁少年，在蒙古族征服全国并建立元朝后，成了藏传佛教的首领，尊号八思巴喇嘛，还被封为"国师"。在北京还为他建造了一座巨大的佛寺，至今还保存完好。毋庸置疑，八思巴喇嘛和他的氏族得以统治整个西藏，西藏成为元朝版图的一部分后，即使元朝后来又被其他朝代取代，但是正是自1247年开始，西藏正式归属中国。

151

凉州,如今的武威,这个位于蒙古沙漠和西藏山麓之间的城市,见证了一次决定命运的会面。河西走廊不仅是贸易通道,还是政治沟通渠道。为了纪念萨迦班智达,在这个他曾经传教五年并于1251年圆寂的白塔寺的入口处,几年前人们竖立了高达13.5米的铜像。这个昔日的宗教及国家领袖目前就埋葬在这座巨大的佛塔遗址下,这里曾不止一次地遭到破坏,最初是在明朝击溃元朝时,后又历经数次大战争。1927年,一场毁灭性的地震在凉州发生,白塔寺只剩下六米高的土堆,以及残存着的些许黏土和砖瓦。考古学家们至今还在挖掘,但是纪念碑的复原至今还不明朗。

当代武威

佛教寺庙自古以来就不仅仅是汇集了众多翻译家、史学家和哲学家的人文科学中心,还是医疗和制药中心。来自西域的医药僧人将他们由草药等配成的药剂配方分享给西藏和中原的同行们。在河西走廊以及甘肃的各个地方都能看到很多传统医药中心,也经常会遇到很多草药种植园。当我被建议去武威市新建的医疗中心参观时,我倒是一点也没感到意外。经过宽敞的绿色园区,走进新建主楼的大门,看到牌子上写着"中国科学院放射生物医学中心",这让我颇为震惊。

进入主楼后,是一个有五六层楼高的大厅,这种规模的大厅我只在中国石化的北京总部见过,而这种大厅自然需要一个15米×20米的大屏幕来演示宣传片。在北京的大厅里,观众可以通过屏幕上放映的专门制作的影片来了解企业的历史和当前的活动。在武威的这个大厅里,影片主要是展望未来,因为"中心"2013年8月才开始建造,

▲　武威核医学血浆信息中心

2016 年 8 月刚刚完成设备的安装。

　　该中心是中国最大的，也是世界最大的核医学中心之一，占地 1.6 公顷，下设多个部门。其重离子辐射中心和实验室设置在主部中，主部旁边是基于中国传统医学的康复中心、培训中心、实验仪器和制药化验室。还有一些部门是专门为学者和技术人员提供的住房，以及部分商业娱乐场所。整个中心看上去像是个公园，里面有大面积的绿地、湖泊和喷泉。

　　客人被带领着穿过了空无一人的长廊，旁边是还没人居住的整齐的密闭大房间，里面满是输送着亮色电流的不同直径的管子。看了下牌子就明白了，这里都是重离子装置。旁边的屋子里人很多，年轻员工正在操作电脑调试复杂设备，不时地还争论着什么。他们明显不是

▲ 来自全国各地的年轻人投入新丝绸之路的建设中

甘肃本地人，脸长得不像，而且也没有当地人特有的黝黑。后来得知这些人是前不久刚从沿海城市厦门毕业来到武威的大学生，用他们的话说，是想"开启新的生活"，等待他们的是未来科学工作的无限天地，要知道这些设备连海德堡或者上海都没有，这里可是公认的世界级放射医学中心。

　　中心的代表介绍说，约60%的设备是中国生产，而X光设备、可变机床等其他设备则来自一些著名的海外厂商，如西门子、拜耳、康塔尔、荷鲁斯。工作人员中有部分外国人，包括来自俄罗斯的几位学者。2017年初，生物医学放射中心将开始医治当代最可怕的疾病，在国际抗癌联盟的地图上将出现一个新的重要名称——武威。

"陆港"与陆养

未来还有一个与武威有关的项目值得我们期待，届时将在一片空地上建造保税物流区，也就是"陆港"。在习近平主席提出"一带一路"倡议后，类似于以前商队路线上的关隘，这种"陆路口岸"被纳入到新丝绸之路中。

不同于有些"陆港"，在新丝绸之路上看到的武威口岸完全不像蚁巢那样忙碌。入口处 5 个收费站仅有 1 个在工作，行政楼主楼处仅停放着两辆车，里面也没有都办公，只有海关和银行营业，在广场上几乎空荡荡的。

对于这种现状，武威"陆港"的代表向我们做了说明。原来，该项目在 2013 年 8 月才启动，不同于其他类似的保税物流中心，武威的这个口岸并不是由国家拨款建造，而是由甘肃省专门成立的国际物流公司"欧亚大陆桥"出钱建造，该公司是参与这类项目中的第一个非国有企业。尽管政府在土地上给予了很大的优惠条件，但其余资金还是要由投资人自行承担。

对于这种丝绸之路上的经营模式的创新形式，政府还给予扶助，赋予其广泛的功能，其中包括，保税、仓储、中转贸易以及在"陆港"投资商业开发进行退税等。在口岸交付的货物视为出口，因此可以退回出口商品的部分税费，而进口货物可以免费存放在该中心的仓库直到发往内地。这种模式可以大大降低企业的物流成本，减少运输时间并提高竞争力。

这个"陆港"与兰州的 5 个自由经济区的其中之一联系紧密。要想获得自由经济区的特殊优惠政策实属不易，除兰州外也就仅有上海、

▲ 武威保税物流中心为新丝绸之路商品的生产和运输提供各种优惠

天津、福建和广东有此待遇。据了解,武威将专注于本地原料——木材和肉的生产与加工,当地生产商应该会刺激邻近市场,从而激发整个中国西部的商业活力。

回到口岸布局问题,代表还给出了必要的解释。"陆港"建设被分为四个发展阶段,目前大功率冷库和成规模的工厂车间已建成,行政区和住宅区建设开始动工,运输木材和肉的铁路线已经铺设,这些重要出口货物的接收点 2016 年就已经开始运转,轨道线路离连云港—鹿特丹"欧亚大陆桥"干线非常近。

目前这里正在扩建工业用房,在一个宽敞的厂房里有个叫方小明的企业家在等我们。他 2015 年决定将其生产猫狗干饲料的公司从故乡山东搬到甘肃,设备已经安装完毕,所需的 1500 名员工已经招聘了大部分,公司 2016 年 11 月应该可以正常运转。虽然当地政府没有

▲ 饲料厂的老板梦想为丝绸之路经济带所有家畜提供饲料

提供特殊优惠，但是这里有物美价廉的肉类原料，该企业家希望通过丝绸之路经济带来满足沿线国家的市场需求。

夜幕降临，我们前往河西走廊的下一个绿洲，下一个关隘城市——张掖。但在途中，我们还要在有着神秘的裕固族的地方过夜。

裕固族——有着伟大过去的小民族

我们离开了"新丝绸之路"主干道 G30，在一片漆黑中壮着胆子驶向祁连山。道路开始变得狭窄，到处都是注意急弯、陡坡和落石的警示标志。司机一直开着远光灯，突然看到车前出现了 5 匹马，2 匹小马驹在前面走，3 匹成年马紧跟其后。有几分钟的时间我们都在一起行进，之后才成功地超越了这些不速之客。然而没过几分钟情景再现，远光灯处又出现了黑白色骏马，时而跑在前方，时而跑在左边，扭着头像极了武威的"马踏飞燕"的马。关于祁连山脉的野外风景我们谈论了足足一个小时，之后我们驶在了去往宾馆的坡路上。

在两位当地政府代表对我们表示欢迎后，我提出了积压心中的疑问："这里如今还有野马吗？"他们平静地说道："现在很难看到了，但在邻县发现有野马，我们这只能看到野驴。刚才遇到的是私人马厩里的马，现在这种马越来越多了。"

清晨，还没有到早饭的时间，我决定出去走走，看看周围环境。我走出酒店，沿着湍急的山涧河流，朝相反的方向走去。河流流过山脊，山中的空气是如此的清新。回到酒店，我在酒店咖啡厅受到了不寻常的招待。在中国内地没有咖啡我并不奇怪，但是这里竟然连普通的绿茶都没有。大肚茶壶里的开水将干的普洱茶叶末冲泡，再加入牛奶和几滴油，蘸着这种说不上是汤还是茶的东西，中国人叫奶茶，配着麻花吃。他们同时还使用茶勺，每喝一口就搅一搅，机灵的服务员就再用茶壶给添一些水，在西藏，我也见过类似的情况。喝完茶，尽管还是清晨，我们还享用了煮的和烤的羊肉。

好客的主人来自肃南裕固族自治县党政机关，他们把介绍工作推迟到早饭结束，在酒店的台阶上，他们就开始介绍，牌子上的中国书法并不是中国地名，而是源自裕固族民间传说故事，他们的祖居地，西至哈至。

一个中年妇女负责解答文化和信息问题，她说："我们的民族如今被称为裕固族或尧乎尔，约有1500年的历史。最早的祖先来自蒙古或者更远的西伯利亚的某个地方，被叫作丁零，主城是伊伊哈伊（音译，译者注）。穿越了浩瀚无边的沙漠和草原，我们裕固人在9世纪到达了河西走廊并建立了汗国，主城是甘州，也就是如今的张掖。学者们说，当时回鹘汗国控制着河西走廊以及整个丝绸之路长达 2 个世纪，从 810 年到 1028 年，西藏唐古特部落对利润丰厚的贸易路线也加以控制。唐古特建立了西夏国，中心是如今的宁夏回族自治区，过了两个世纪，在 1227 年被蒙古族灭亡。一部分裕固人跟随胜利者迁徙，而另一部分则去了现在的新疆维吾尔自治区。"

这些延续了几百年的小故事，证明了我很早以前关于这片土地的历史的印象，丝绸之路就好像是部落和人民的"布朗运动"。居住地、城市名称、国家和人民一直在不停地更迭。他们就像是被磁铁吸引着沿着河西走廊从一个地方转移到另一个地方，不仅是图方便，而是这是唯一的转移道路。游牧民族一直有一个希望，就是重新分配丝绸之路上的财富。部落和王国陷入了同中原以及互相之间的争夺利润丰厚的贸易的战争。曾经强盛的国家，如西夏，逐渐在时间与空间里消逝，留下的只有文字记载以及宁夏地区的帝王墓。而其他的像蒙古族，在巨大的胜利后遭遇了一系列失败，逐渐衰弱，他们又回到了祖先的土地上，保持着独特的草原文明。

真理就是真理。裕固人，目前约有 14300 人，有语言而无文字，在多民族的中国算是人数非常少的。1954 年成立了甘肃省肃南裕固族自治县，面积为 2.38 万平方公里。现在的居民中，除了裕固族还有 3 万汉族、蒙古族、藏族，人口流动也很频繁。这都要归功于城市和乡村里高质量的住房，大量的越野车，美丽的公园，优质的公路，他们自己还建造了两个博物馆。

第一个博物馆在一个两层的混凝土建筑里，是典型的 20 世纪后半叶的中式风格。宽敞的大厅里摆满了文物，直到今天仍有很多值得参观的东西。

有一块石板，上面刻着古老的裕固族文字，这也是对缺乏本民族文字这一说法的最好驳斥。现在裕固人讲两种母语——属阿尔泰语系蒙古语族的东部裕固语和属阿尔泰语系突厥语族的西裕固语，交流中更多地讲汉语写汉字。

有一间部落首领的房间，装饰有带角的鹿头骨，这是裕固族的图腾，还有一些其他猎物。

有一件清朝皇帝赐给裕固族首领的丝绸长袍，上面带有龙的图像，这是对维护河西走廊安定和平这一功绩的最高恩惠和褒奖。

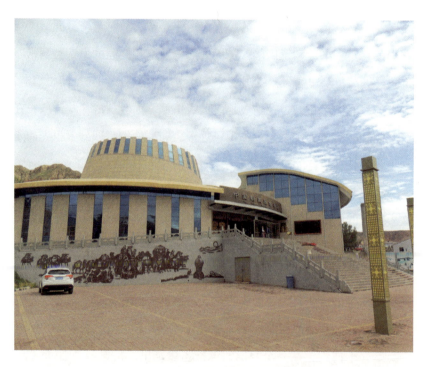

▲ 裕固族为自己的过去感到自豪，对自己的现在感到满意。肃南裕固族自治县博物馆

　　有一块屋顶瓦块，上面有佛教符号，从藏族和蒙古族邻居那里裕固人不仅接受了佛教中的喇嘛教，还有相应的生活方式。

　　旁边紧挨着的是另一个博物馆，很有当地的建筑风格，使用的是雕花的木柱。按照当前中国对少数民族文化和语言的保护习惯，这被称作"裕固族非物质文化遗产博物馆"。事实上，展览品还是以展示裕固人的丰厚物资为主。展示有各种标本，人像、森林、草原、野驴、野马、山羊、骆驼、绵羊、熊等。人像穿着民族服饰，有女孩的日常服饰和婚嫁服饰，有已婚妇女的服饰，还有男士的节日长袍，牧羊人的保暖装备。

▲　生活在甘肃的裕固族信奉藏传佛教，图为转经轮

　　几个陈列柜里摆放着有关历史、民族和语言的学术著作，至今为止仍有裕固人和内地学者在做研究。但是，最近外国专家对这些独特人群的兴趣骤然提升，在我看过的一些研究中，裕固族被称作"过往千年的活化石"。

　　在博物馆前面摆放着一个抬着蹄子的鹿雕像，这是裕固族的图腾，这是在路上看到的。在经过了几个不太有人的地方后，我们驻足在广场上，旁边是精致的佛教转经轮，每转动一次就能看到一种佛教书籍，

▼ 祁连山山脉——河西走廊的明珠

转动转轮，特别是 20 米高的那个，可比转佛珠复杂多了。但这也没有打消数十名中国游客的热情，纷纷拿起转轮上的把手开始转动。那些虔诚信仰藏传佛教的人，在神像前磕头、起身、再跪拜。

　　旅游业是自治县重要的经济来源。繁华都市里的中国人渴望着人少幽静的山麓村落，他们享受着清新的空气和不一样的饮食，好奇地欣赏陌生的习俗和仪式。当地政府和企业建造了新的酒店，开发了登山步道和观景平台。在其中一个观景台上，我们久久地欣赏长满绿草

▼　五颜六色的山吸引了成千上万的游客

的山冈，孤立的蒙古包周围有人放牧，低矮的山上云杉林立。这美丽的地方叫作康乐草原。

通过长长的木板路，我们来到了另一个平台，从这望去是完全不一样的风景。平行的山脉上满是针叶林形成的黑色斑点，就像是一个巨大的花坛。希望看到这个非同寻常的风景的人很多，我们不得不排队等候。以公交车和越野车的数量来看，来此参观的游客不只是甘肃省的，还有来自祁连山另一侧的青海省和西藏自治区的。

快到中午的时候，所有的游客几乎同时开始不明所以地躁动，各个旅游公司都陆续撤离看台，转移至有木屋的草原上，道路上装扮着彩色的小旗，实际上这并不是装饰物，而是驱魔避邪用的。在房子里所有人都在等着裕固族的传统盛宴。

我们的 10 人小组到达了一个有甘菊牧场风景的小屋，穿着传统服饰的姑娘很快地铺好桌子。最先上来的是掺有牛奶、黄油和盐的奶茶，之后是炖的和烤的羊肉，汤以及各种蔬菜。由于一早产生的饥饿，我们一开始并没有注意到裕固人热情好客的欢迎仪式。

一开始出现了个美女，看上去像贵妇，带着特殊头饰，这种装扮是裕固族同其他中国少数民族的最主要的区别。细毛毡帽的帽檐不宽，这种民间艺术后来采取了锥形的结构，最高处点缀着红色的条纹。美女手拿准备好的托盘，里面有两个银色的物件，一个是高脚壶，另一个是小碗，然后走到客人身边。根据我去西藏的经历，我已经知道了怎么做，用三根手指蘸着酒，先向上撒（敬上天和神灵），再向下撒（敬大地和生物），最后撒向桌子旁（祝健康幸福）。我喝干了"火辣辣的水"，然后接受了白色的长哈达，听着美女优美的歌声（用中文演唱），这个仪式每一个客人都要经历一遍。

▲ 裕固族款待客人

　　在裕固族地区不能不去的地方是张掖丹霞国家地质公园。从山脊处延伸下去一条不宽的缓坡，绿色草原逐渐变为植被稀疏的荒漠旱地，但是这种单调的颜色慢慢开始变化。这种暗褐色逐渐展现出不同深浅的红色、白色和黄色。低矮的群山有的是圆形，有的是尖形，像极了一层层的馅饼，不对，不如说是像一块五花肉。在风和雨的作用下，经过了2000多年的冲刷，形成了铁矿和砂岩积聚的形状奇特的峭壁。

　　我用相机记录下一个又一个的山，但没料到电池没电了。此时我

165

们正经过第二个，也是有着更壮观景象的观景台。景色确实更好，难怪这里被《国家地理》杂志的地质专家认为是中国最美丽的景观之一。从观景台望去，红色变得更加丰富，逐渐变成不同层次的黄色、灰色甚至蓝色，有的山像是色彩多样的果冻。

对当地政府来说，旅游业发展的成本并不小。每年用在建造公路、停车场、观景台和木质地板上的资金高达数十亿元，但同时也带来了丰厚的收益。关于这一点，晚上在张掖市"中心区"得到了确认。

张掖——"伸向西方的手"

我们走出宾馆，迎着落日悠闲地散步。我走过一个长满垂柳和一簇簇玫瑰的小花园，来到了一个被灯火照得通明的楼前。这是一座具有非同寻常的建筑风格的楼房。二三层的建筑如同是裕固人民博物馆：红色的圆柱支撑着一些轻快的瓦盖，木质便道使墙壁显得更加洁白，几座大理石小桥与石板铺砌的宽阔的街道相连。在一条主要的街道上矗立着一些雕塑：一人高的精美权杖，还有三米高的骆驼商队的雕塑。旅游者们一家家以此为背景在拍照。在一些小的房子里是一些小商店，大部分是珠宝店。在一座正在施工的唐朝宫殿式大楼里有一幅广告牌，从广告牌可以看出，这里将是一个珠宝博物馆。陪我一同散步的市政府工作人员对我说，张掖正在建设"工业文化街"，将美丽与功能融合在一起，让那些有创造能力的人们在这里发挥自己的潜力，并将其转化成收益。在这方面，肃南裕固族自治县是主要的投资者。他们打算提供在他们自治县的山上开采出来的奇石。

石板铺砌的道路很快就走完了，我们开始走上了木板路。这条路下不知是沼泽还是小河湾。在道路两旁有浓密的芦苇包围着我们，鸭子在嘎嘎叫，一些昆虫也在嗡嗡作响。在这些长桥的一端的台座上是黑色漂石，上面工整地刻着一些美丽的字迹：就在两年前，黑河水流到了这里。黑河发源于附近的雪山之巅。河水足以供养一直缺水的张掖市的居民，使他们向沙漠抢回一些绿洲，然后把它们变成肥沃的田地、舒适的公园，在这个地区建造湖泊和水渠。

　　"我们地区自古以来就严重干旱，缺少肥沃的湿地，"张掖市委书记毛生武在与我们交谈一开始时就说，"我们位于河西走廊的最中间，在它的咽喉地带。为了控制这个重要的战略要地，控制这个沙漠中的一小片富饶的绿洲，曾经发生过多次战争。所以年轻的将领霍去病击退了匈奴之后，在这里建立了河西走廊上最重要的一个防御工事。看来这也是有原因的。在他给汉武帝的报告中提到了'张掖'这个名称。

▲ 张掖新建旅游度假村

他把'张国臂掖,以通西域'这八个字简写成了两个字'张掖'。

"开始的时候,'这只手'坚决地把从西边来的游牧民族阻挡在外,后来又友好地伸向其他的绿洲之地和丝绸之路上的一些城市。道路从这里不仅可以通往东方和西方,还可以通往北方和南方,通往西藏和蒙古。在中国衰弱时期,侵略者入侵到这里,但在中国强大时,商队从西方国家来到这里。佛教大师们长期在我们这个城市生活、传教。印刷书籍的历史就从这里开始。中国最大的'卧佛'就是整个河西走廊的象征。不仅仅是佛教,如今在张掖还有其他四大宗教,即伊斯兰教、儒教、道教和基督教。

"现在张掖获得了再次发展的机会。'一带一路'倡议的提出为我们提供了新的发展机遇。你们会问我,在实施这个倡议过程中,中央给了我们多少资金?我的回答是:钱不多。但是这不是最重要的。当你在荒漠上前行,突然看到远处烽火台上的亮光,那么你前方的路就变得不那么遥远了。现在我们面前就出现了这样的亮光,我们已经很清楚自己该往哪个方向走了。面前有了目标,我们就可以选择正确的路线,最合理地分配我们的内部资源。

"我们的内部资源是什么呢?首先是农业。我们的农民有丰富的土地和水。黑河水保障我们可以一公顷接一公顷地征服沙漠。这里玉米的长势很好,玉米产量在中国占第一位。我们这里还有优等蔬菜。我们还成功地栽植了草药,供应给甘肃药业公司和全中国其他的药业公司。裕固族自治县作为我们的一个区,正在成功地发展畜牧业。

"说实话,我曾经到过周边的一些地方,但我认为,我们的农业发展要超过中亚各国40年到50年。我们将与他们分享种植工艺和作物的品种。我们还与主要邻国哈萨克斯坦有贸易往来。我们还在阿拉木图和阿斯塔纳地区购买了商业区来出售我们的产品。现在已经有 16 个公司在那里开展业务，但是我们在那里也不仅仅从事农业种植，还推广农业技术和日用品。不久前，我们在中国和哈萨克斯坦边界的自由贸易区霍尔果斯开通了商业网点。在那里顾客云集，来来往往，而且他们不仅仅来自哈萨克斯坦。这一切都有利于我们研究市场。我没有吹牛，我们的事业确实进展很顺利，而且会更加顺利。"毛生武书记充满自信地结束了自己的介绍。

卧佛与佛教经典印刷的兴起

从宾馆到大佛寺路途并不远，但是却让我们感受到了时间的跨越，进入到了古丝绸之路的氛围，来到了佛教繁盛时期。印度王子乔达摩·悉达多修炼成佛，其教义不仅在中国得以传播，同时在丝绸之路上的其他游牧民族中也得到传播。

这是发生在 11 世纪。唐古特西夏国建立，其疆域不仅仅在张掖，即当时称甘州，还包括丝绸之路一带的大片地方。当时（1098 年），在古老的佛教庙宇所在地修建了佛祖圆寂雕像（卧佛）。卧佛身长 34.5 米，宽 7.5 米。但是仅仅耳朵就有 4 米（所有佛祖的雕像都有长长的耳垂），脚长达 5.2 米。佛祖的眼睛微微睁开，嘴角露出善意的微笑。他身后是十大弟子群像。在头上和脚上，他喜爱的弟子阿难和迦叶昼夜不停地在值班。佛祖历经苦难，希望能在下一世重生的故事情节，在中国佛寺乃至整个佛教界都广为流传。而张掖"卧佛"堪称中国第一大卧佛。卧佛所处的大殿内灯光昏暗，不允许人们进行拍照。

然而，在相邻的博物馆展厅里，照相机的镁光灯不停地闪烁，游客们终于可以尽情拍照了。而且这里值得拍摄的东西实在是太多了。而且远不止泥塑卧佛的木头框架。张掖曾经是印书中心。一些佛教经典由梵文译成中文，还有一些经文由佛教大师们重新撰写。这些经典供上千座寺庙使用，供上万富足的信徒个人收藏。于是在张掖便出现了几个印书馆和佛经印刷中心。在一个小型博物馆的展台上展出了刻有经文的木板，经文就是从这些木板上用木刻的方式印在一页页的纸上。展台上还有一种设备，这种设备用来装订，即把一页页的纸张对折，然后缝合成书。另外还有一座雕塑群，是一些正在忙于印书的僧侣和一个品尝了创作之苦的僧侣译员。

一个单独的展台专门展出"金书"和"银书"。展出的书都是复制品，其中仅仅添加一些金色和银色，只是用于供游客们参观。而价值连城的真品储藏在一些专门的地方，这些地方室内要求有特殊的温度和光线。还是在 1445 年，明朝英宗皇帝赠送给当地寺院一座佛经图书馆，

▲ 张掖大佛寺珍藏的《金经》

有 6000 种佛经著作。其中有十分之一是镀金或镀银的。中国人历来有对各种书籍敬重的情怀，因此对古代印刷的宏伟作品赞叹不已，而且，近来随着佛教的普及，人们对这些作品更是赞叹有加。所以，旅游者和朝圣者的数量达到新高，在所有的卧佛展厅和佛经印刷博物馆总会遇到熙熙攘攘的游人。

只有从展厅出来才可以喘口气。沿着小路走到一个修建得很好的公园。公园里长满玫瑰和其他各种鲜花。在这里我们得以安静地散步和拍照。突然，我们被一个建筑物所吸引。这是一座33米高的白色佛塔，纯粹的佛教建筑。这个佛塔耸立在安葬著名僧侣的地方，附近是保存神圣经籍的场所。佛塔下面是两个方形底座，从公园的各个方向都可以看到这座佛塔。

张掖，即古代的甘州，其名胜古迹数不胜数。就连马可·波罗也只有羡慕的份了。马可·波罗曾经在这个城市度过了一年的时间。确实，在他的游记中有描写甘州的段落，但是并没有描写佛教古迹，而是叙述了当地家庭关系以及家人与客人的关系特点……另一个与甘州有关的传奇人物是蒙古皇帝忽必烈，他是元朝的奠基人。据说，他于1215年出生在这里。

我们又重新上路。前面等待我们的是嘉峪关，一个古丝绸之路和新丝绸之路上最重要的战略要地。在乘坐汽车的路上，我们又一次经过了各种不同的拱形门，上面写着美观工整的字迹。然后我们来到了一个不久前刚刚建成的城市广场。原来，广场上光滑平坦的石板还可以用来练习中国书法。一个中年男人用一支长长的毛笔在地上工工整整地写着漂亮的汉字。开始时，我以为他手里拿的是把扫帚。他没有从砚台上蘸墨汁，而是从水桶里蘸水来书写。这样写出的字很快就干了，没有了痕迹，在原来的这个地方还可以重新写出更优美的字来。

张掖是一座干净整洁而紧凑的城市。现在我们已经来到了城郊。我们缓慢前行，驶过古老的钟楼、古老的木塔和喧闹的农村集市。在这里有满载蔬菜和水果的小车，公羊被圈在三轮摩托的车厢里。一排排货架上的梨和苹果堆成了小山。古老的张掖土地如此富饶！

特殊关隘——嘉峪关

汉朝时期年轻的将领霍去病在这里修筑了古代军事要塞。但如今已经看不到原来要塞的任何痕迹。这不仅仅是因为时代久远，距离他们战争获胜已经过去两千多年了。更重要的原因在于，当时在河西走廊上建起的四个要塞与欧洲侠士的城堡和俄罗斯勇士建立的克里姆林宫是完全不同的。在中国西部的每一个古城堡里我都要求看一看古代军事防御工事的遗址。但是他们只是惊奇地看了看我，然后说"等明天再看……"事后，一个博物馆的负责人解释说，这里比不上古都长安（现在的西安）和当今的首都北京。在这些半荒漠地带缺少足够的建筑材料，所以没有条件建设成片的城墙和其他防御工事。在河西走廊上所谓的防御工事就是一些加固性的设施和几个相互之间隔着一定距离的，而且并不是十分巨大的炮台。所以嘉峪关要塞对我来说真可算是意外的"礼物"。

G30 公路是河西走廊乃至整个丝绸之路中国路段上的一条主要公路。我们刚从公路上下来，首先看到的是交替出现的耕地和荒原交替出现，一会儿是田野，一会儿是树林。最后一些庞大的防御工事的清晰轮廓出现在我们的视野中。结实而垂直的城墙、四角是炮楼，最重要的是，还有三个瞭望塔，形状似中国常见的那种亭子，房檐微微翘起。5米高的大门表面包着铁皮。看门人费了好大劲把门打开，我们就进入了一个把守区，这样的防御结构在欧洲的城堡中也经常可以看到。

　　但是，出乎我们的预料，在这里没有任何的威胁，也没有军人守卫。两个漂亮的亭子，周围放满了礼品盘，还有一个不大的剧院舞台，这是供当时士兵消遣的地方。通过导游的讲解我得知，在古代，非军事的建筑有很多。但是，嘉峪关首先是一个关隘，这个地名的最后一个字"关"就能说明这个问题了。丝绸之路上的商队必然要从这里的通道经过。而且，这个关隘设在河西走廊上最狭窄的地段，从这个关隘向南或向西有几段长城挡住通道。守卫的军队中有普通军人，还有海关人员和边防军人。在关隘需要检查证件，征收关税。在1372年这

▼ 从要塞的塔楼可以看见中国的古长城和五百年前重建的长城

个关隘刚刚开始建设时，这里还是中国的国界线。当时是明朝统治的初期。朝廷花费大量的资金加固原有的长城，并修建新的长城。中国人称之为"万里长城"。诗人把长城比作是一条巨龙，它的头部望向西方，即嘉峪关，而龙尾则是伸向渤海湾的山海关。

对于古代中国人来说，过了嘉峪关就等于是来到了另一个世界，因为很少有人能返回去。等待商人和旅行者的是一个接一个的危险。因为离这里很近的地方就是蒙古人的统治，他们刚刚被明朝军队从内陆的土地上赶出来，但是仍然具有顽强的战斗能力，十分危险。更何况，当时，帖木儿正率领一支不可战胜的部队从西方向中原挺进。直到 1405 年，这个跛子帖木儿突然离世，才停止了他为失败的蒙古盟军复仇的战争。这也就是朝廷不惜重金，不遗余力地修建这座关隘的原因。在关隘的门楼上书写着"天下第一雄关"。沿着陡峭但宽敞的台阶走上城墙，你就会更加理解这个关隘的战略意义。台阶分两部分，一半是楼梯，而另一半是平坦的上坡路，主要是用于马车或人力运送武器。四个半世纪过去了，在清朝统治时期，左宗棠对喀什噶尔、准噶尔和英吉沙尔展开进攻，此时嘉峪关也同样起着重要作用。由于他的外交策略和军事上的节节胜利，上述地区于1760年成了中国的辖区，被称为新疆（新的疆域）。

从10米高的城墙之上可以清晰地看见梯形的城楼，其周长达733米。只要看一眼它内部宽阔的广场，就能够感受到它的宏大规模。广场上只有一小部分地方是射箭场，摆放着各种不同口径的大炮，设有军人的营帐。还有一些保存下来的建筑：古代战神关羽的庙宇和地方军队指挥部。广场其余的大部分地方现在是空旷的，堆放着一些细小的石子。还有三个17米高的瞭望塔现今也是空的。但是，要想从登山的小路上挤过去恐怕不是那么容易。无数的中国旅游者在拍照，他们似乎要把砖墙和塔楼的每一寸地方都拍摄下来。他们仔细欣赏一座座重叠起伏的山峦。当然，在这里确实有很多值得欣赏的东西：万里长城如一条细带蜿蜒到远方；狭窄的带状平原；褶皱的山丘和远处覆盖着积雪的陡峭山峰——祁连山。或许地球边缘就应该是这个样子吧……

顺便说一下，嘉峪关另一边的景色就不是这么怡人了。烟囱冒着烟，一堆堆经过加工的煤炭堆在一旁，还有远处的一座似乎是很大的企业的厂区。那正是一个企业。半个小时以后我们就来到了这个企业的门口，这是"酒泉钢铁有限责任公司"。

中国的"磁力勘探"

"这个公司位于嘉峪关,但为什么要用邻城酒泉的名字来命名呢?"——我向前来迎接我们的集团代表们提出了这个令我感到疑惑的问题。在参观企业博物馆的过程中,关于这个问题的答案就清晰了。我们穿过整座城市来到了这个博物馆。一路上一片葱绿,分布着公园和喷泉,所有的这一切又一次让我想到了马雅可夫斯基关于"城市—花园"的诗句。宽阔的道路两旁生长着白杨和垂柳,周围是很典型的五层楼高的楼房,还有 8—10 层的办公楼和商业中心。这是一些具有现代中国城市建筑风格的建筑。房顶是塔楼状或是具有欧洲风格的圆顶状,还有一小部分保留着中国传统的那种瓦房风格,但不同的是,

▲ 酒泉冶金厂——甘肃的骄傲,中国的自豪

这些瓦房都具有了现代的因素，不再有那种微微翘起的房檐。在广场上有很多具有纪念意义的雕塑。这里是钢铸的有名的"飞马"，一匹骏马在钢制地球上飞奔；还有一座花岗岩纪念塔，具有"社会主义建设元素"。上面是两个强壮有力的地质学家，双手握着贵重的矿石，高高举起。矿石上面写着"钢城落成纪念"。靠近公司大门，一个很现代派的红色雕刻垂直向上飞翔，不知是火箭还是军用飞机。

嘉峪关是一个一元化的城市。在这里只有一个企业。这个企业靠近古老的关隘，建立的时间并不长。还是在1955年，在祁连山上发现了对于冶金业弥足珍贵的矿石——铁、铜、稀土钨和稀土钼。这里与苏联玛格尼托格尔斯克市和磁山相类似，这个富有矿石的山被称为"铁山"。或许，正是来自苏联磁铁矿公司的专家们帮助设计建造了这个工厂。不久就开始建设采矿冶金联合工厂和这座新城。在这里工作的基本上是军人建设者们。周围是荒漠和群山，他们就在这种十分艰苦的环境中工作，无论严冬还是酷暑。当时，没有现代化的建设技术，连简单的机械化工具都不足。但建设者们单纯地凭着一腔热情进行建设。就在那个时候，很多记者和诗人就开始书写"铁山人"，书写弥足珍贵的"铁山精神"。集体的英雄主义转化成了物质力量，公司在1958年8月1日建成，开始使用秘密的名称"第39公司"，而且生产出第一批钢材。

在那段时间，嘉峪关只是一个很小的居民点，隶属古代大城市酒泉管辖。酒泉是年轻将领霍去病所建的四个关隘之一。嘉峪关距酒泉几十公里。这就是公司为什么要使用酒泉作为自己名称的原因。随着联合公司和其他相关企业的发展壮大，1965年，嘉峪关成了一个独立的行政单位，即嘉峪关市。但是，公司的名称没做更改。

当然，联合公司与军事工业有着密切的联系，是现代军事工业的一部分，也是中国火箭研制与核工业的后盾。酒泉卫星发射中心距离公司只有一百公里。正因如此，他们要求我收起相机，除了带我参观了博物馆之外，就只参观了一个车间——不锈钢板生产车间。在600米长的机械库里工作人员很少，但是却有很多机械。在操作台和另一个设备上经常会看到一些西方制造厂的名称：Siemens，ABB，Sundwig。一些中国制造的高架移动起重机正在把一大卷一大卷的钢材装上列车。

有两个工程师和几个工人抽出了一点时间要跟我这个俄罗斯的稀客照张相。但是要到车间外面才能照。他们都叫我"苏联人"。关于苏联专家帮助他们设计建设公司的记忆并没有被"时间"抹掉。但如今无论是在公司的博物馆，还是在中苏友好时期建成的其他大型企业中，有关那段温馨的记忆很少提起了。陪同我们参观的领导们在临别时说了几句感谢的话，感谢苏联给予的援助，同时也希望与俄罗斯的同行们在"一带一路"框架下能再次合作。

这个在全国500强企业中占据第114位的集团公司对北京的"一带一路"倡议寄予了很大的希望。"酒钢集团"每年冶炼出1200万吨碳钢和不锈钢，这在中国经济发展缓慢时期或者在西方反倾销调查时期很可能会造成销售上的问题。其他产品也可能会出现产品过剩的问题，比如，电解铝（每年生产175万吨）、煤炭、电，还有一些工业设备：汽车、风力发电机、液化气、水净化站、水泥等。但是，公司靠近铁路线和公路线，产品向丝绸之路经济带国家进行出口完全可以及时防止生产的过剩。再说，现如今公司还没有一种产品受到产品过剩的威胁。

酒泉——"葡萄酒的源泉"

　　"紫轩"系列葡萄酒于2009年出现在中国市场。来自嘉峪关的"铁人"有足够的进取心和大量资金弄到巨大的葡萄园，搞到意大利葡萄酒生产设备和辽阔的酒窖，并且能够邀请到法国波尔多的酿酒专家。资金也足以收购河西走廊上周边地区的酿酒材料。

　　在酒泉这个地方很适合进行大规模的葡萄酒生产。这个城市的名称可以认为是"葡萄酒的源泉"。关于这个名称还有一段历史。当年，汉武帝得知霍去病在河西走廊与匈奴部落作战再次获得胜利的消息，他决定对这个年轻将领进行嘉奖。但在当时没有奖章，传统上只能奖励铜制器皿。这种器皿很沉重，路途遥远不易运输。所以，汉武帝决定送去一桶酒作为对他的犒赏。霍去病收到这桶酒，想与士兵们一起分享这个奖赏，于是他让自己的士兵沿着一条小河站成一排，然后把酒倒进河里，让士兵舀取掺入酒的河水来喝，大家都感到特别幸福。为了纪念这件事，如今在酒泉建起了士兵分享皇帝礼物的雕塑。

　　值得强调的是，当时皇帝送来的酒并不是真正的葡萄酒。当时中国还没开始种植葡萄。中国人当时喝的酒是一种用草木做成的烈性饮料。其实，这种饮料也不是真正意义上的烈性饮品。因为当时人们还不懂得蒸馏技术。至于说到葡萄酒，中国只是在20世纪才开始生产真正的葡萄酒，但是也并没有得到普及。说真的，我清楚地记得，在20世纪60年代，我父亲曾在勘察队当船员，在那里通常有中国的苹果和通化葡萄酒出售，当时的葡萄酒采用乌苏里原始森林的野葡萄酿制而成……

　　葡萄酒在中国真正地得到普及还是仅仅在最近的几年。现在，每一次宴会都不可能没有葡萄酒,无论是外国人,还是中国人,在宴会上都要喝红酒。甘肃的葡萄酒得到了品酒师和专家们的高度评价。国内其他红酒生产商也都努力在推广新的农业技术方面发挥自己的作用。但是,专家们阐明,正是河西走廊的气候、洁净的高山水源和土地的质量更适合种植高质量的葡萄。

武威市威龙有机葡萄酒庄园完全可以成为精良的"紫轩"葡萄酒庄园的竞争对手,因为这里完全不使用化肥。这个城市的葡萄种植园占整个中国葡萄种植园的13%。2016年葡萄酒的产量达到2亿升。与酒泉相邻的张掖市也认为自己是"红酒之都"。当然,我在这个城市参观的时间不长,因此没有机会品尝这里的红酒。或许也是因为党中央有新的规定,在正式的接待活动中不允许喝酒精饮品。但是在"紫轩"品酒大厅,我这个俄罗斯旅行者的活动没有被认为是正式参观,所以在我的面前摆着一打打的各式各样的葡萄酒,有白葡萄酒和红葡萄酒,有干红,还有甜葡萄酒。尽管我可以品评中国的白酒(烈性酒)和黄酒(产于浙江绍兴的一种米酒),但是我却无法对摆在我面前的葡萄酒给予恰如其分的评价。按照我的口味来看,中国的葡萄酒不能说比法国、俄罗斯、智利和意大利的葡萄酒好,但也绝不比他们的差。

参观了"铁人"酒窖后,生活又焕发了新的色彩。沿着城市公园散步,周边地区的景致和火箭形状的气象塔都加深了我对嘉峪关这个新的现代化城市的美好印象。嘉峪关城市布局合理,是荒原和群山中心的大型绿色城市。尽管不远处就是冶金厂,但是这里的空气却异常清新;讨赖河从山上缓缓流下,市内的人工湖,还有最主要的就是当地居民的年轻朝气,所有这些无不让我感受到他们精力充沛。

风 都

我们能够在一大早就出发实在是一件大好事。更开心的是我们在出发前吃上了可口的早餐。带着愉快的心情和新的猎奇希望，我们出了嘉峪关，驶上了 G30 公路，向敦煌方向出发。敦煌是年轻将领霍去病建立的最后一个军事关隘。那里也是祁连山脉的终端，是河西走廊的终点，也是万里长城的末端。

很快我们就驶出了嘉峪关，驶出了那片绿洲，眼前立刻出现了荒漠，一片凄凉景象：光秃秃的褐色土地，一堆堆的草墩子和风干了的球形风滚草丛。这些草丛连着根。文明的迹象在这里少之又少——一条公路，还有和公路基本平行的高速铁路，而我们正在追赶一辆长长

▼ 甘肃省——"风都"

的集装箱列车。左右两边的山体一会儿靠近交通线，一会儿又远离，向其他方向延伸开去。单一的褐色突然变成了单一的黑色。这或许是一些黑色碎石的颜色，或者是遮盖在荒原上的大粒沙子的颜色。远处能看到一些白色的棒子形状的东西和黑黝黝的林中空地，使得颜色变得多元。很快那些白色的棒子就看得清晰了，原来是一行行的巨大风车，而那个黑黝黝的空地实际上是太阳能电池场。在空中高耸着崭新的高压电输电线路杆。在荒原深处有一个两层小楼，这是新能源试验基地。

大概有几十个年轻小伙子和姑娘们迎接我们。他们身穿灰红色制服，佩戴党徽。其中还有一个中年人，是他们的领导。年轻人都很恭敬地沉默着不说话，而他们的领导开始给我介绍这里的情况。"在本来就是半荒漠地区的瓜州县，几乎没有肥沃的土地，也根本就没有水。但是这里有充足的阳光和强劲的风力，每年的日照时间可达3260小时，有140—170天的时间里天空万里无云。依靠强筋而稳定的风力完全可以发动风车。这里每年有2300多个小时都在刮风。从风力角度看，我们在整个中国居于首位，我们还有一个名称叫'世界风库'。我们绝对不能浪费这些资源。近几年，在这片荒漠地带建起了4214架不同结构的风力发电机。我们把风力发电站生产的能源输入电网。瓜州县和周围的县市都能用到我们的电能。在刚刚过去的'五年计划'的总结报告中，我们被授予了'中国风能生产先进县'的荣誉称号。在丝绸之路上的一些邻国，如土库曼斯坦、哈萨克斯坦、吉尔吉斯斯坦、巴基斯坦和俄罗斯也同样都有许多荒漠地带，也同样风力强大。所以可以让他们到我们这里来，我们会向他们敞开一切，教会他们如何向风要钱！"

▲ 控制风能不是那么容易

　　他们还热情地邀请我去参观相邻的一个太阳能发电厂。但是由于时间关系没有能够成行。一座非常小，但却非常重要的，堪称丝绸之路命脉的城市瓜州县在等待着我们。我们又重新踏上了 G30 高速公路，与其并行的是兰州—乌鲁木齐的高速铁路，两排高压电输电线路杆，以及两边的荒原和群山。一些石油泵使眼前的景观变得多样化。开始石油泵是一个个孤立的，然后是成排站立。我们绕过玉门市，那里在 20 世纪 50 年代最先开采出了石油。汽车环城驶过，车窗外又是狭窄的河西走廊上非常典型的景致。只是到了瓜州才看到绿色。这里有精心照料的田地，也有一些田地无人照管，还有花卉种植园、棉花种植园、葡萄种植园、麦田和比较知名的甜瓜园。这个地方被称作"瓜"州，也是不图虚名的。但是，瓜州的重要性并不在于此。无论是在古代，还是在现代，河西走廊在延伸到瓜州之前是唯一的一条小路，没有选

183

择的余地，但是，从瓜州再往西就分成了两条路："向右通往新疆。向左到达敦煌，向后走就回到了兰州。"在这个拥有 15 万人口和数不尽的名胜古迹的城市的入口完全可以立起这样的标志牌。

沿着旅行家唐僧的足迹

在古代商路上的任何一座城市都是辉煌过往的见证，留下了伟大军人、商人和传教士的脚印。对于以农业和旅游业为生的瓜州来说，唐代僧侣玄奘就是昔日伟大和未来希望的象征。在唐朝时期，他西行寻找佛教经籍，为丝绸之路注入了新的生机。玄奘不是第一个去佛祖乔达摩·悉达多的故乡朝圣的苦行者，也不是唯一的一个。有许多僧侣译员沿着丝绸之路和海上丝绸之路往返中国和印度。其中著名的有法显、真谛和义净。玄奘取经用了 17 年的时间，取回佛教经文 650 多卷，而且还把自己的旅行写在了《大唐西域记》一书中。因为他所取得的成绩获得了当时皇帝唐太宗的赞赏，在他从印度回国之后，唐太宗在首都长安（西安）为他修建了"大雁塔"，该塔至今保存完好。当时在长安设立了译经院，有僧侣学员上百名。佛祖圆寂后，他的教义用几种语言书写。所以学员们在佛教不同流派的专家和掌握不同语言的专家的带领下翻译佛经。

时代在变迁，朝代在更迭，但是对"唐僧"的记忆却在代代相传。玄奘被称作"大师"，古代神学家和中世纪的神学家们都对他进行了研究，而且他成了文学作品中的主人公。16 世纪，吴承恩在小说《西游记》中热情讴歌了唐僧取经的事迹。这部作品至今受读者的欢迎。小说用神话题材写成，还被制作成动画片，拍成电视连续剧。从 2005

▲　佛教朝圣者和佛经翻译者玄奘在中国家喻户晓

年到 2015 年间，中国中央电视台播出了这部多集电视连续剧，为此还举办了无数的展览会、音乐会演和专门的研讨会。2016 年，在中国电视台和印度电视台都播出了电影史诗《唐玄奘》。这部影片由中印两国的大师们共同制作完成。可以说，唐僧的行为在当今仍具有现实意义。在如今丝绸之路有了再次大发展的机会，在实施"一带一路"

185

倡议的时期,除了唐僧、张骞、霍去病、鸠摩罗什和郑和之外,有谁能成为丝绸之路的象征性人物呢?

自然,当地领导在县城外迎接到我们后,就立刻把我们带到"玄奘取经博物馆"。在这个不久前按照传统建筑风格建成的宏伟建筑群中,首先是一个影壁映入参观者眼帘。影壁的使命是用来阻止邪恶之神。据说,这些邪恶之神只能径直向前走,而不会绕过障碍物。这个驱魔的照壁也在讲述唐僧取经的经历。影壁用白色大理石制成。在它的正面用金色绘出唐僧取经的各种要素,而在它的背面是描述取经过程的文字。

穿过用石板铺砌成的院落,你就会来到带有大理石栏杆的楼梯,这个楼梯直通主展厅。当然,这个展厅是按照唐朝的建筑风格修建的。入口的地方就是玄奘和他徒弟们的镀金雕像。信教的人在他们面前进行祷告,并且留下一些花或水果之类的物品。在这组雕塑旁边还有一个雕塑,是佛祖本人带着自己的两个爱徒。参观完第一个展厅,我们来到第二个展厅。这个展厅讲述了大师的翻译活动。展厅上面有一个双层圆塔,与北京的天坛有些相似。里面则是现代的博物馆陈设,有具有西方风格的青铜浮雕,玄奘取经的地图和路线图。不仅有中文图解,还有英文图解。这里还有佛教壁画的复制品和一些从瓜州及周边地区挖掘出来的独特的古币。有几个展台上放满了唐玄奘从印度带回来的经文。这些经文采用木刻印刷,然后用线装订成册。

在博物馆,参观者了解了瓜州在玄奘取经历史上的作用。他的旅行到这里就可以结束了,因为当时唐王朝严禁百姓擅自西行,玄奘是秘密潜行到凉州的。此时,从都城传来命令,需要在中国边界阻止这个朝拜者继续前行,因为当时朝廷得到消息,边境上的夷胡人中正在进行战争。当地官员决定拦住玄奘，但是他决心继续前行，而且要从印度带回佛经的原稿，并以此说服了边防军人，因为这名边防军人也是佛教徒。于是这名边防军人当着玄奘的面撕毁了逮捕他的命令。但是，接下来还有更大的麻烦。

如何穿过荒漠到达中国的边境玉门关？如何通过玉门关？恰巧，在瓜州有一个夷胡人也是佛教信徒，他对荒漠地带了如指掌，于是玄奘就找他来帮忙。但是，在通往瞭望塔的路上，这个人似乎神经出了问题，把玄奘一个人丢在了路上。玄奘一个人走过可怕的黑戈壁时已经口渴脱水。这时，他发现在第一个瞭望塔旁边有一口水井，于是他喝了水井里的水来解渴。但就在这时，有几支箭落到他身边，这是警告信号，不让他进入城池。在关隘卫兵又一次通报了逮捕他的命令。而他又一次说服了他们。他坚定地说，他宁愿渴死或饿死在前行的路上也不能返回长安。边防长官最终还是放他继续西行。

在唐僧面前是100多公里的黑戈壁。他遭遇了沙暴，弄丢了水壶，在地狱般的荒漠上四个昼夜没喝到一滴水。玄奘失去了知觉。多亏了与他同行的马把他驮到一片不大的绿洲上，他才得以活下来。恢复知觉后，他继续赶路，到达了哈密市。这个城市现如今也为它与唐僧取经有关联而感到骄傲和自豪。

下一站敦煌正在等待着我们。

敦煌——沙漠王国之光

差不多半个世纪前，即1971年，我在列宁格勒大学东方系对论文《汉语佛教文献〈四十二章经〉》进行答辩。我的科研导师、中国佛教研究和敦煌手稿研究方面的首席专家列夫·尼古拉耶维奇·缅什科夫对我的翻译和注释很满意。当时他说："什么时候你有幸去中国，到敦煌去看看。但是，看来得等到下辈子了……"因为当时正是中苏冷战时期，交换学者和学生的一切活动都被迫终止了。所以，到这个中国人倍感神圣的地方的机会是很渺茫的。

但不用等待下辈子了，现在我就站在敦煌市中心的一座跨河大桥上。我都开始嫉妒我自己了。我的兴奋和欣喜主要有几个原因。

第一，一周前从兰州开始的河西走廊游已经结束了。当然，我们不是骑着骆驼，在踩出来的布满塔头墩子的小路上，每小时只能行进30公里。我们一路上几乎都行驶在G30高速公路上。以前骆驼需要走一天的路程，我们半个小时就走完了……但是，不管怎么说，还是有些疲倦，是时候放松休息一下了。所以我把行李放到舒适凉爽的宾馆后，就来到了一个小河边，还是在11年前我来敦煌的时候就记住了这条河。

第二，城市发生了翻天覆地的变化，日新月异。敦煌首先呈献给我们的是具有统一风格的建筑群。其中最主要的建筑是一些新的五星级宾馆，如同把丝绸之路上的城池和瞭望塔放大了几倍。而一些简约一点的旧旅社则像是中国其他任何旅游中心常见的普通建筑。几十年前留下来的砖房和水泥房与新建的八层居民楼在一起，这并没有破坏这个被称为中国大门的城市的面貌。同时保留的防御工事和大客栈在这方面传统的建筑元素起了作用。在最普通的楼房上有的加上了圆柱，有的加上了"飞檐"。甚至宽敞的人行道也迎合着丝绸之路的主题——道路用不同规格的石板铺砌，经过一定的间隔就会看到在平滑的石板上压出的各种图形，有马、骆驼和不同时代的马车。

▲ 反弹琵琶成为敦煌的象征、古丝绸之路的象征

　　夜市的入口处有两个狮身像。当然，这也并不奇怪。而真正让人感到奇怪的是那个舞女雕塑。她把诗琴背在身后，一边跳舞，一边自己给自己伴奏。白色大理石雕像就立在敦煌的主广场上，而"她的姐妹们"则分布在城市的其他地方，甚至在市场也可以看到。西域的美女们经常与浩大的商队一同漂泊，在漫长的路途中逗大家开心。在沿丝绸之路的佛教庙宇的壁画上通常都可以看到弹着各种乐器的美女和飞翔的天使，有菩萨或是提毗（读音 Devi，梵语即为"女神"之意，象征了神圣的女性面，印度教的性力派认为提毗与提婆——男神是相互不可或缺的存在。婆罗门教奉行一元论，认为提毗是所有女神的原型，因为这样的哲学见解所以全体的印度神话女神都只是提毗不同的外观而已。——译者引自网络注释）。

第三，在荒原地带能够看到这么丰盈的水确实让人感到巨大的满足。敦煌是危险的黑戈壁上的一片绿洲。黑戈壁是一望无际的塔克拉玛干沙漠的一部分。而这条沙漠中的小河给这片绿洲带来了生命。河流源于地下，流经几公里后进入沙层。这条神奇的河流让经历了长途跋涉的商人们得以在此休息，积蓄力量，以便继续前行。有几个商人把自己的商品出售给当地的商贩，然后买回自己需要的商品便踏上了返回的道路。敦煌在古代被称作"沙洲"，即有沙子的地方。自古以来敦煌就名扬印度、波斯，甚至罗马。一些商队载着货物从这些地方

▲ 在敦煌，即使是酒店都像古丝绸之路的要塞

来到敦煌，一路上可以与各种流派的佛教徒为伴，例如聂斯托利派和摩尼派等。一些僧侣留下来与一些富足的、信仰上帝的和其他不同信仰的人定居在一起。他们建立庙宇和寺院，开始自己的传教生活，还把自己的圣书翻译成中文。在那个时候，河水是多么丰盈……

我倚着带有狮子装饰的大理石栏杆观赏小河两岸的风光。城市公园里的雅致凉亭伫立在河岸上。用来装饰小桥的大理石龙头向凉亭张望。很快天便黑了下来。一幢幢挂着一串串小灯的2—3层亭台和规模巨大的客栈为城市增添了不一样的魅力。那些龙也开始喷水，在灯光的照射下熠熠生辉。看来，当地政府没有放过任何机会来取悦来到这里的客人们。所以，在游客的眼中敦煌已经成了欧亚大陆的旅游中心。

还是在20世纪七八十年代，敦煌就已经吸引了日本游客的注意。著名日本历史学家井上靖所著《敦煌》一书进入畅销书榜。在这个"日出之国"开始盛行寻找当时繁荣一时的日本民族的文化、宗教和种族之根源。他们很自豪地认为自己是创造这些文明的人的后代。这些文明沿着丝绸之路一直延伸到东亚。这部小说很快被搬上银幕。拍摄地就选在距离真正的长城旧址不远的地方。在那里建了城池，后来，在电影拍摄完成后，这个城池变成了旅游团必到的一站。日本游客从日本不同的城市直接租车来到敦煌。

沙子对着月牙唱

现在，在大量参观敦煌主要名胜古迹的中国游客中已经很少能看到日本人和其他外国人。这里最主要的两个景观是位于城市交界处不远的鸣沙山和月牙泉。200米高的沙丘将一汪珍贵的淡水池围住。这个水池的形状确实很像月牙,有近100米长,约20米宽。

首先你可以欣赏一座座金色的沙山、三层塔形庙宇和湖泊,它们一起构成了一幅完美的风景画,不愧为绘画大师的最爱。然后,你可以看到一些游客,他们坐着木制的类似雪橇的东西沿着沙丘的斜坡滑下。难道他们不是在破坏沙山?不会破坏了大自然的和谐?不会的。原来,这里的大风会把沙子从下面再次吹到上面来,很快鸣沙山就恢复到了原来的样子。这样的大风吹过山顶,有时会发出高低不同的啸鸣声,山也因此而得名。

如此神奇的自然景观不能不让人们赋予其神话般的起源。道教崇拜大自然,它的膜拜者们在几百年前,即六朝时代(222—589),就看中了这个湖泊。在那个时代道教和佛教在这个地区同样普及。而道

▼ 敦煌月牙湾

士们更看中月牙泉，佛教徒则看中 20 公里外宕泉岸上的莫高窟。后来的各个朝代都曾有道教的建筑。但是敦煌地区成为道教中心则是在清朝时期。在当地政府的支持下，道教的信徒们把月牙泉的南岸变成了真正的道观建筑群，有寺院、亭台，甚至还有道教学校。在湖上每年都举行投龙仪式。在仪式上，人们把金龙、玉饰和道教神灵的小型塑像投到水里。整个过程都有专门的道教祈祷音乐相伴。中国人是讲求实际的。他们不仅追求精神上的价值，同时还不忘记身体的需要。在岸边的小餐馆里人们会品尝到铁背鱼和七星草。这两种食物预示着长生不老，或长命百岁。

目前，有治疗效果的美食不是每个人都能吃得到了。如果说祈祷可以起作用，那也是很少见的。除了滑沙，这里还向游客提供其他的游乐项目。比如，可以骑着骆驼游玩，甚至还可以坐滑翔机飞行。但是对于我来说，最让我感到惊讶，也最有意思最美妙的事情，就是欣赏沙漠日落。站在道观的木质长廊上（现在成了美食中心），我欣赏着天空的云彩不断地变换着颜色：一会儿是浅灰色，一会儿是深蓝色，再过一会儿又呈现出黄色和鲜红色。几分钟之后夜幕降临了。但是眼前又出现了另一种美景：一串串小灯装饰的三层塔楼及其在长满芦苇的湖中形成的倒影。

魔鬼城

大风有一部分把沙漠堆成了鸣沙山。而另一部分则如一把巨大的刀斧在沙丘上雕刻出成千上万的抽象雕塑，在上百公顷的大地上形成了一个天然的雅丹"现代艺术展"。在敦煌的西北部，距离敦煌 80

公里的地方是一片神话般美丽的地上景观。它有一个极普通的名字"雅丹国家地质公园"。以前在丝绸之路上护送商队的人们把它叫作"魔鬼城"。我很喜欢这个名字。

开始的时候一切看起来都很平常：一座沙黄色的现代化的单层房子，旁边有宽阔的停车场，里面是商店和小吃部。在四周的墙上挂着地质公园的地图。听到讲解我们知道，雅丹是一种少见的地貌，在新疆、甘肃和青海这几个相连省区经常可以见到。缺水的气候使得那里的石头在强风的作用下很快被侵蚀风化。吹向不同方向的风把这里变成了平行的"大街"和"小巷"，这些大街小巷上布满了我们从没见过的魔鬼住的"城堡"和它们的"雕塑"。

▲ 白天的沙漠，鬼都乐不起来

　　所有的参观者都被安排到一辆专用汽车上，而且还一遍又一遍地统计人数。在荒漠上只能沿着一条铺设好的道路行驶，这主要是为了使自然环境免遭破坏。黄沙的上面盖着黑色的碎石头，形成了灰黑色的背景。因此这里的沙子还被叫作"黑戈壁"。对游客进行严格管理的第二个原因是，周围都是松散的沙子，有迷路的危险。一个人拿着相机，在一个个石子形成的怪诞的庞然大物中跑来跑去，很容易迷路，甚至会永远丢失。这里白天炎热，晚上寒冷。我们每一次停下来休息后，导游就要清点一下人数，然后才能继续上路。有些人想象力不是很丰富，所以导游就时不时地告诉他们，这是"凤凰"，那是"金狮"。但是，自己去发现那些巨大的石头到底像什么，那才更有趣：预备跳跃的老虎、打坐的佛祖、一支坦克纵队正驶过被战争破坏的城市……

　　当我们返回到地质公园的停车场后，我们立刻明白了，在荒漠中旅行，可能发生什么真的是无法预料的。我们坐上了自己的汽车，向玉门关出发。玉门关是汉长城上修建的最后一个关隘。一条新的公路与一条已经铺上沥青的老路平行延伸。在某些路段还有起重机在工作，有些路段刚刚铺上沥青，为了不至于在灼热的太阳照射下过快干裂，都用一些白色纤维袋子盖着。

　　司机想要个小聪明，把车开到了一条封闭的公路上。汽车需要走过20米左右的路程，这段路面同样铺着黑色小石子，看起来似乎也很坚硬。但是，我们的汽车还没驶过5米就陷下去了，而且陷得很深。司机试着加大油门，但是，适得其反，情况原来越来越糟糕了。穿着雪白衬衫的司机曾尝试着去挖出汽车轮胎，游客们也齐心协力地推着汽车，还齐声喊着："嘿呦嘿，加油！"就在这时，我想起了在雪地上开车的情形。我们开始把已经风干了的道路两旁的废弃纤维袋放到轮子底下，结果我这个俄罗斯的技术发挥了作用！汽车一米一米地前行,最后终于驶上了一条新的道路。我们成功地避免了在夜里与魔鬼相逢。但是我们也还是体验到了炎热、饥渴与恐惧,生怕在黑戈壁荒原走丢了。要知道,这个黑戈壁在丝绸之路南线曾吞没了不止一支商队啊。我们可以用事先放在汽车里的矿泉水解渴,在空调前解暑,但是还是白白地浪费了两个小时的时间。在新的公路上行驶或多或少地可以赶出一些时间,在天黑前达到了玉门关——汉朝修建的带有玉制大门的关隘。

万里长城上的玉门

在明朝统治时期,距离玉门关380公里的嘉峪关是新修长城的最后一道关隘。推翻了元朝的统治,明朝当权者为加强对已征服地区的管理,新建了1000多公里的长城,并修建了难以攻克的多面堡垒。但是河西走廊的部分地方,包括敦煌在内,被放弃管辖,不再设防。然而,玉门关上汉朝修筑的防御工事遗址却一直保存到现在。这个工事比明朝早1000多年。

很难想象,为了征服其他游牧人的地区并在此设防固守,为了维护帝国安宁,在没有树木、没有人烟的荒漠修筑城墙、堡垒、炮台和烽火台,汉朝人付出了多么大的努力,做出了怎样的牺牲!这一切都发生在伟大的汉王朝皇帝——汉武帝的统治时期。他命令刚刚结束与匈奴部落作战的士兵,沿着河西走廊西行1000多公里,开始修筑复杂的防御工事。公元前121年到公元前88年,汉朝在河西走廊建立了四个郡:酒泉、武威、张掖和敦煌。每一个郡的中心都有堡垒和一整套防御工事。现在的敦煌市几乎找不到历史留下的痕迹。但是同属当时防御工事体系的玉门关却保存至今。

▲　长城的尽头——玉门关

　　玉门关是用随手可得的材料修筑的，包括泥土和芦苇。令人感到惊奇的是，被压实了的黄土至今仍然没有塌落，玉门关的墙体是垂直的 10 米见方的正方体。11 年前我第一次来到这里时，没能够看到关隘里面是什么样子，当时所有的工事都用铁栅栏围上了。但这一次来到这里，铁栅栏不见了，古老的墙体里面堆放着方木和木板，是用来修复关隘的。我感兴趣的是，在古代，城堡里面有没有楼层？有没有楼梯？士兵睡觉的地方是什么样子的？卫戍部队的士兵们吃什么？喝什么？时间很晚了，这里没有学者和维修人员，所以要想弄明白这些问题，就需要再来一次了……

　　在这个地方修筑防御工事不是没有原因的。这附近曾经流淌着沙漠河疏勒河。今天这条河已经看不见了，但站在不久前建成的观景广场上，可以看到一个长满芦苇的小沼泽。周围的荒漠也不像魔鬼城那样没有生机。低矮的草墩子周围有一簇簇的三春柳，或者是风滚草，这些草和树赋予这片地方一片绿色。不远处是一个烽火台的遗址。这

197

个地段的城墙已经没有了,但是再走一段路就可以看见,有些地方还保留着近10米的城墙。这些高4米的防御工事同样是用压实了的黄土、沙子和一层层的芦苇修筑而成,可以阻止骑兵进入。

呼吸干旱的沙漠上有益健康的空气,欣赏大自然的奇迹,感受人的顽强意志力,所有这一切都让人顿感精力充沛。但是也感受到了在新修公路上行驶的单调、一路上的劳顿以及夜晚的来临。没过几分钟,旅行者们就都睡着了。明天等着我们的是敦煌最主要的奇迹!

莫高窟——中国的史册,全人类的史册

为什么距离敦煌市25公里的莫高窟能与埃及金字塔、罗马斗兽场、印度泰姬陵和中国的万里长城一起被列为世界奇迹?旅行者、朝圣者和学者们在半明半暗的僧侣居室里或是地下庙宇里寻找着什么呢?历经千年才完成的壁画和雕塑是怎么成了21世纪最大的基础方案"新丝绸之路"的象征呢?

这个答案需要在陡峭的峭壁上开凿出来的洞窟里面来寻找。一条春季湍急,而其他季节都很安静的小河,很多个世纪以来在松软的山岩之间挖掘着自己的河道。现在有些河段的深度已经达到25米,而峭壁的长度达几公里。类似的小河和悬崖峭壁,以及画有壁画和岩壁上刻有大型雕塑的洞窟在河西走廊数不胜数。那为什么只有莫高窟被称为奇迹?这一切要从一件怪事说起。

佛教僧侣乐樽和尚于366年沿着一条光滑舒适的道路从中国腹地前往西域。在宽阔的中部平原地带,强大的汉朝衰落后,多年以来暴动不断,王朝频繁更迭,出现许多盗匪集团,外族越来越频繁地入侵。当时,久经折磨的人们听说在河西走廊家园稳定繁荣,一些小国的人

们遵照中国的规矩生活。于是一些人移居至此，其中包括许多学者和僧侣。

乐樽长途跋涉，步行1500公里，穿越了整个河西走廊。他和往常一样稍作休息，便坐下来打坐，时而小睡，时而冥想。他的眼睛微微睁开，眼中突然冒出一道强光，如同来自几千道闪电。在每一道光线上都庄严地坐着一个佛祖。乐樽恍然大悟，决定终生在此生活祈祷。在地方信徒的帮助下，他在山岩上凿出一个小洞穴，在洞穴里祈祷、冥想，来"超度心灵"。不久之后，另一个僧侣法良也在附近为自己开凿了一个洞穴。

几个世纪过去了。在丝绸之路上有过繁荣时期，但也曾有几十年的时间丝绸之路被中断。但是，苦行者们仍然不断地从中国来到印度，或者从西域到达中国。他们推崇佛祖，把神圣的经书从梵文或其他西域文字翻译成中文。僧侣们不仅把翻译的经书加上图画，还用表现佛祖及其弟子生活，反映佛教故事和传说等题材的壁画来装饰居室墙壁和地下庙宇。开始出现一些小型大师的雕像，后来出现了几米高的雕像，甚至雕像群。

无论朝代如何更迭，无论是中国人还是胡人，都敬重佛祖，对僧侣和支持他们的普通人不加以阻止。甚至有些当权者自己、他们的亲人和朝臣也都成了慈善家，开凿和装饰新的洞穴。在5—6世纪，一些统治时间很短的朝代的当权者开凿宽阔的洞窟，刻画华丽的壁画，以此来保留自己的形象。隋朝虽然统治时期很短，但是当朝皇帝重新统一了中国，并且建成94个石窟。

该说说唐朝了。这个时期，丝绸之路成了主要的贸易之路，也是一条繁华商路，佛教也开始真正成了国教。僧侣在居室里居住、祷告。宽阔的洞窟变成了庙宇，非出家人在这里做事、祷告。就是在当时，莫高窟有了第二个名字"千佛洞"。仅在唐朝统治之初就出现了140

▲ 十几层的佛窟，禁止入内，好想进去看看

个新的洞窟。洞窟总数超过 1000 个，其中有许多宽敞的洞窟，里面放着巨大的佛祖和他的追随者们的塑像。按照武则天的命令，在 695 年完成了一个高达 35 米的佛祖塑像！唐朝后来的当权者也都留下了巨大的佛祖雕像：高达 26 米、23 米、14.5 米。每一个雕塑都经历了几年的塑造，有的甚至需要几十年。

8 世纪末，吐蕃军队战胜唐朝军队，但是建造巨型雕像和开凿能够容纳巨大雕像的洞窟的工作并没有停止。藏传佛教的教徒甚至把一些尚未建完的雕塑修缮完成，并且开凿了 50 个新的洞窟。在绘画师和雕塑师中绝大部分是汉族人，所以要发现唐朝时期的雕塑与吐蕃人的雕塑有什么不同不是件容易的事情。有一次，一个有经验的导游用自己手中的手电筒照着壁画上的佛徒的脸说，看得出来，这是吐蕃族的一些大人物为自己定制了这些壁画，来永久地保存自己的形象。

敦煌陷入好战的吐蕃人之手达 60 多年，后来又被更加英勇的当地汉人赶出了敦煌。按照朝廷的旨意，在当地设立节度使。在 150 多年间，受封的节度使们开凿了 70 个洞窟，其中的一部分成了家族性质的庙宇。节度使们自己、他们的妻妾和子孙如今还在那里注视着前来莫高窟的参观者。在一些汉族人的面孔中间还可以看到某些壁画上出现了非汉族人的面孔。当时，节度使开始与周边的民族通婚。

积极的对外政策没能使这个地方免遭外族的侵略。1036 年，西夏党项人占领了敦煌和莫高窟。但在西夏近两百年的统治时期，敦煌莫高窟继续发展。雕塑和壁画艺术达到了前所未有的高水平。当时从事雕塑和壁画艺术的已经不是普通僧侣，而是一些专业的雕塑家和画家。在敦煌成立了培养雕塑家和绘画家的专门学校。结果，新的雕塑家和绘画家们的审美发生了变化，所以在一些洞窟中会找到带有鲜明藏传佛教风格的作品。

1227 年，蒙古人灭了西夏，统一中国，但莫高窟的命运并没有改变。元朝统治者接受了佛教，并积极推行佛教。莫高窟也进入到繁荣阶段。丝绸之路成了繁忙的商业要道、驿站和蒙古人的战略通道。1271 年，马可·波罗穿过丝绸之路，把敦煌描写成一个和平繁荣的城市。1348 年，蒙古当权者速来蛮花费重金对整个莫高窟洞窟群进行修缮。但是，这个时期开凿的新洞窟并不多，大约有 10 窟。他们更尊崇喇嘛教。

对于敦煌来说最悲惨的时期就是明朝统治时期。明朝当权者奉行闭关自守政策，不仅阻止了郑和率领的海上考察团沿海上丝绸之路进行考察活动（1405—1433），而且还关闭了嘉峪关关隘。16 世纪中叶，敦煌成了无人问津的地方，商路的贸易往来中断，当地人开始过上贫困的生活。根本顾不上开凿新的洞窟。听起来似乎很奇怪，这个地区最终还是被外族人所征服。中国统一，清朝政权恢复了对河西走廊地区的行政管辖和监督。为恢复经济，开始将农民从中原地区迁居到敦煌。但是，在明朝时期被中断的雕塑和绘画传统并没有得以恢复，莫高窟也就没能够继续发展下去。

欧洲人到敦煌——福兮祸兮

18 世纪末,清朝政府不仅在甘肃设立了布政司,同时对蒙古、西藏和新疆进行管辖。在敦煌设立沙州卫,同时开始了对莫高窟的修复工作:翻新壁画,修复雕塑。但是,很快爆发了鸦片战争(1840—1842 和 1856—1860),朝廷与欧洲强国矛盾冲突不断,甚至发生了中国农民起义和少数民族叛乱。这一切使得政府无力顾及这个规模宏大的佛教博物馆。甚至连当地的官员和佛教徒也都忘记了这些洞窟庙宇的存在。

20 世纪初,莫高窟一度只有三个洞窟被占用。其中两个洞窟由藏族喇嘛教教徒在使用,而另一个洞窟中居住着一个叫王圆箓的道士。为了防止沙漠封住洞窟,他拿出所获得的施舍物,雇佣当地人清理堆在洞口的沙石。就在 1900 年的夏天,一个正在清理沙石的人在一个洞窟的墙壁上发现一道裂缝。王道士不想将此事声张出去,于是在夜里他偷偷凿开墙壁,发现一个秘密洞穴,里面有成千上万的卷成卷的佛经手稿、经文和图画。王道士没有什么文化,曾当过兵,后来成了道士。他不可能认识到这些东西的重要性。经书一卷又一卷,那么古老……

为了能弄到一些钱财,王道士把几卷漂亮的经卷和丝绸绘画拿给了当地的军事长官。这个人收下了礼物,但是并没有给王道士一分钱,并且还命令他把洞窟里的墙壁再次砌好,没有特殊的命令不得扒开。或许这个长官知道这些莫高窟的藏品有多重要。但是他也明白当时中国的状况,根本顾不上这些古迹了。

义和团运动(1899—1901)导致了城墙被毁,欧洲传教士和中国的基督徒被杀。起义军在北京杀死了德国公使,包围了使馆,并与守卫和外交官们进行了持久的对峙。欧洲八个国家组成的联军前来支援被围困的外交官。起义军与朝廷派来的援军被击败。慈禧和皇帝逃到西安。清政府被迫与八国联军签订赔款条约，欧洲人，包括传教士在内获得在中国自由活动的特权。

外国势力开始深入中国内陆，各国之间为了在中国划分自己的势力范围展开了角逐。西方强国，主要是英国、法国、德国和俄国，争夺的地方有新疆、西藏和与其毗邻的西部省区，包括现在的甘肃。在传统的丝绸之路上出现了勘探队和学者考察团，他们绘制地图、考察居民点和交通路线、了解当地的军事情况。除了由总参谋部军官 Н.М. 普尔热瓦尔斯基、В.И. 罗伯罗夫斯基和 К.—Г. 马涅根姆 组成的俄国军事考察团，还有一些半军事考察团，如 П.К. 科兹洛夫率领的俄罗斯地理协会考察团。一些"学者"团也获得了慷慨的资助：俄罗斯旅行者 С.Ф. 奥登堡、法国人伯希和以及英籍匈牙利人奥利尔·斯坦因……

就是这个英国考古学家奥利尔·斯坦因于 1907 年来到敦煌，他成了第一个与王道士结交的欧洲人。一开始，没有文化又很狡猾的道士没有把自己的"财富"透露给这个外国人。但是斯坦因的翻译是中国人，他比道士更狡猾。他了解到王道士十分崇拜翻译家兼旅行者玄奘，于是他告诉道士一个"秘密"，说这个外国人不仅是一个佛教徒，同时他还是玄奘事业的继承人，他正打算翻译古经文。几个银两就让王道士放开手，打开了洞窟，拿出几卷经书。真是巧！这都是玄奘的译作！王道士觉得这是"天意"，于是让斯坦因在如山的经卷中待上几天。最后，他准许斯坦因把一些最"没用"的，字迹不是很漂亮的或者是用不认识的字迹写成的经卷带走。在大英博物馆里，专家们对这些经卷进行了鉴定，证实这些都是最珍贵的用梵文、回鹘文和党项文字书写的古代经卷。斯坦因仅花掉 130 英镑就带走了 24 箱经卷和 5

箱绘画。

"猎获珍品"行动异常成功。这一消息震撼了整个欧洲。1908 年 3 月,法国人伯希和来到敦煌。他精通汉语,了解经典文学。他做事是有计划的:考察团的成员绘制了周边地区的地图,拍摄下所有的洞窟并把它们编上编号,临摹下墙上的字画。伯希和在一些主要的洞窟里度过了三个星期,带走了最有价值的 6000 卷经文和画卷,包括最重要的佛教经籍和一些寺庙历史文献,装满 10 辆大车。王道士收下整整 750 英镑!

伯希和是个有良心的人,也是一个诚实的学者。他在返回北京后把一部分经卷送给了他的中国同行们。就是这些中国学者发现了敦煌真品的真正价值,认识到这些经卷被擅自带到国外所带来的巨大损失。1909 年 8 月清政府学部命令陕甘都督封存莫高窟藏经洞。1910 年,清政府命令新疆巡抚把所有剩下的手稿运回北京。看到这样的紧急命令,当地官员终于明白了这些放在身边几十年的珍品的巨大价值。然而,那些运抵北京的藏品也同样成了官员们贪得无厌的牺牲品。最珍贵的藏品成了高官们的私人财产,有些经卷已经残缺不全。最终有 8000 卷完整经卷和残卷运抵北京,现存于国家图书馆。

在北京政府介入此事后,敦煌学术和文艺珍品流失的现象仍然存在。1911 年日本人吉川找到几百卷经文和两个精美雕塑,并把它们运回自己的国家。1914 年斯坦因第二次来到敦煌,在老朋友王道士的帮助下又搜集到 5 箱珍贵的藏品。

那个时候,在敦煌还出现了第 个俄国官方考察团,考察团由著名的印度学家奥登堡带队(俄国上校 K.—Γ. 马涅根姆 1908 年曾作为伯希和考察团的一个"民族学家"到过敦煌)。此时完整的经卷几乎已经没有了,所以他们就把几箱经文片段、丝绸绘画和一部分壁画带回了圣彼得堡。敦煌的藏品现在完好地保存在埃尔米塔什博物馆和东方手稿研究所。在 Л.Н. 缅什科夫带领下，俄国学者们对这些物品进行认真研究，并与世界上的敦煌文化研究者分享研究成果。现在，敦煌经文都被编号，并供全世界的学者研究。

最后一个猎取敦煌珍贵藏品的人应该是美国人兰登·华尔纳。兰登·华尔纳是研究日本和朝鲜佛教艺术方面的专家，宾夕法尼亚博物馆主任和哈佛大学教师。1923 年，他率领考察团来到敦煌。他挑选世纪遗产中最珍贵的东西。他采用最新的技术，用特制的胶布——涂有黏着剂的胶布片贴在自己喜欢的壁画上，然后将其剥离下来。唐代的一些无价壁画精品和北魏（386—557）的古老雕塑被这个考古学家运到哈佛大学福克博物馆。

现在的中国人经常会想起外国人"抢劫敦煌"的一幕。这些故事被拍成多部纪录片，有的排成舞台剧。确实，如果王道士没有遇到奥利尔·斯坦因，或许大部分的经卷还可以更长久地留在洞窟里。或许，一个穷道士找到的东西没人想要，渐渐就会被人忘记了。再说，在甘肃省的各个角落像这样的洞窟庙宇多的是，数不胜数。如果莫高窟没有赢得世界性的声誉，或许它还是一个普通洞窟，或许会用来关押俘虏（曾经就发生过这样的事情。当时苏俄白军逃到中国，就被关押在洞窟里）。或者可以用来安置士兵（1930 年国民党内部分裂时期就发生过类似事情）。士兵们可以把珍贵的经卷作为生火的柴火，当地官员则可以把经卷作为礼物进行倒卖。奇怪的是，在 20 世纪 60 年代，中国"文化大革命"时期，红卫兵却没有到达敦煌这个"历史垃圾"场。

历史是不能假设的。事情已经发生。从中国和包括俄罗斯在内的其他国家流失的文化真品，如今珍藏在西方国家博物馆，并占据最尊贵的地方。上百万的参观者对这些珍品赞叹不已。成立了专门的研究领域——"东方敦煌学"，成百上千的学者致力于这方面的研究工作。世界上开始掀起了新的风潮，让敦煌成了全世界关注的中心，同时也成了伟大的中国文明的象征。历经几千年完成的敦煌手稿、壁画和雕塑记录了中国历史、文化和经济的发展情况，也记录了周边的伟大文明历史。正如中国学者季羡林所写："世界上历史悠久、地域广阔、自成体系、影响深远的文化体系只有四个：中国、印度、希腊、伊斯兰，再没有第五个。而这四个文化体系交汇的地方只有一个，就是中国的敦煌和新疆地区，再没有第二个。"正因如此，中国政府决定重新把敦煌作为欧亚跨文明交流中心。这一决策，我认为，是及时的，也有益于实现全民族伟大复兴的梦想。

第九章

敦　煌

沙漠中的世界奇迹

坦率地说，即使有一些知识储备，也很难想象世界上最大的佛教文化宝库——莫高窟，又名"千佛洞"的规模。735 个现存的洞窟中，对公众开放的只有 30 个。到此地参观的每一群游客最多也就看上十几个，而且最大的和最著名的洞窟都没有开放。科学家认为，每天这些古代的珍宝最多也就承受 3000 人的到访，但事实上，旺季时每天都不少于 6000 人。人的呼吸、阳光、湿度和二氧化碳对壁画和雕塑都有影响。因此，洞窟要定期轮换开放，以得到一定的"休息"。洞窟内部严格禁止摄影，在漆黑的室内导游只能通过昏暗的手电筒进行讲解。游客观看的时间是被严格限制的，只能匆匆地环视着装饰和佛陀的脸，听着导游的讲解。哪能不慌不忙地欣赏令人欢喜的壁画和雕像呢。两个小时的参观必然给人留下余兴未尽的感觉。

　　人们试图借助现代技术将问题解决。两三年前离莫高窟不远处建成一个旅游中心——或像是电影院，或像是天文馆。坐在舒适的椅子上，游客可以看到关于全套洞窟历史的 3D 电影，之后还有一部影片，播放的都是最珍贵的洞窟、壁画和雕塑影像。图像被投射到球形屏幕上，大厅的前半部——墙壁和天花板都在球形的表面。影片中摄影机一会儿用普通镜头一会儿用特写镜头，"抓拍"一些个别的雕像，快速扫描一番后，停留在洞窟华丽的装饰上。游客所看到的一切可以拍

▲ 古老的壁画和雕塑在 3D 影厅看得更清楚

照，但不允许使用闪光灯。给人的印象着实强烈。20 分钟的视频观看后，再到洞窟现场观看。

　　还有一个机会可以与佛教艺术"亲密"接触，与洞窟并排着还有一个专门的博物馆。在一些展厅的墙上安装有高质量的屏幕，可以展示壁画和雕塑最小的细节。博物馆里讲解和展示着古代大师的技艺，以及色彩的调配方式。比如，不同的颜色可以对应不同的原材料：蓝色——青金石，绿色——孔雀石，白色——贝壳。如同中国其他博物馆一样，这里也有一个值得光顾的商店，这里可以买到现代摄影师拍摄的壁画和佛经插图的厚本图册，还能买到洞窟雕塑的复制品和古代风格的作品,价格相对较贵。年轻艺术家创作的现代艺术作品——服装、青铜器、瓷器、木雕……所有这些商品都很受欢迎。

实际上莫高窟的洞窟值得挨个看看,也许将来完全不必再去敦煌。1944年,敦煌研究院成立。自2006年以来,敦煌研究院的工作人员就开始创建对壁画和雕塑的数字拷贝工作,同时对地图、文本、图纸,以及研究院70年来的研究结果进行数字存储。画家们最先肯定了数字图像——现在他们可以从原图上直接拷贝,之后,信息传到制片人处。以计算机图形技术制作文献和艺术影片,既可以制作单个洞窟也可以制作所有洞窟的数字图像。很快,通过网络,你坐在家里、在布良斯克或者汉堡的某个地方, 就可以游览在遥远的中国沙漠中神奇而迷人的洞窟。

敦煌的速度

最近,敦煌面临新的发展机遇。它进入了 "一带一路"倡议的优先项目名单中,而且是两次。中国共产党中央委员会和国务院从27个国家重点项目中——科技园区、创新发展区、新城镇、在新丝路的高速公路——号召建立具有世界意义的敦煌国际文化中心,并举办2016年第一届丝绸之路(敦煌)国际文化博览会。

在2015年的最后几天通过开工建设的决定,而国际文化博览会开幕的日期定于2016年9月20日。也许,可以翻建现有的敦煌博物馆和酒店,使之达到应有的水平。但这有点儿不太像中国的做法! 这是在北京2008年奥运会之后、上海2010年世博会之后、杭州2016年G20峰会和其他全球范围的活动之后,中国举办的又一次世界范围

▲ 用时八个月在沙漠中建起来的展馆

内的文化博览会，它应当要举办得隆重些。也确实如此。

　　我曾在 2016 年有幸两次参观敦煌—— 在 8 月和 9 月。第一次我到国际文化博览会场馆参观，当时即将完工，最后，与航站楼现代化建筑一起结束了工作。在沙漠中的道路上跑了许多公里之后迎来了最后几百米的沥青路。在通往莫高窟的路上等候我们的是规模最大的新建工程。在那里，在开阔的区域建立了美丽的宫殿。

　　想象一下，混凝土平整铺就的 "开阔区域" 上，在低矮的建筑围墙后面，漫漫沙漠向三个方向延伸出去。在不宽的一带绿洲上长着稀疏的杨树，而鸣沙山（会唱歌的山）灰黄色的沙丘在阳光的照射下显得更加闪闪发光。

　　敦煌文化中心的宫殿广场在规模和色彩上都酷似北京紫禁城的灰砖广场。然而，三个最新的宫殿——大剧院、国际会展中心、国际大酒店不同于紫禁城里大量的殿堂。它们更坚实、更现代，是用石头和混凝土建成。敦煌的这些宫殿是由上海当代建筑师设计，具有丝绸之路鼎盛时期的汉唐建筑风格。在这里还要额外提一句，紫禁城富丽堂皇的宫殿楼阁，欧洲人是难以想象的。它们建于14世纪末，在明灭元后，明成祖没有继承元大都宫殿布局，而是毁之以建新城。前后历时明清两代，在不同的时代，紫禁城包含融合了不同的建筑技术和建筑时尚。敦煌宫殿继承了唐都长安（今西安）宫殿传统。历史上被叛军、"胡人"还有时间摧毁后，长安宫殿只存在于图纸和图画当中，如今位于西安市的陕西省博物院的建筑也似乎是取材于古画之中。

　　敦煌的三个主要建筑物——大剧院、展览中心和国际会议中心，它们的颜色和敦实的外形不仅酷似古老的宫殿，而且还像丝绸之路

▼ 在敦煌国际文化博览会开幕日的国际文化中心，2016 年 9 月

上"干打垒"式的城堡——从远处看来，他们也都用夯土和芦苇草建造，但只是用黑色的瓦片装饰屋顶。在中国，房屋"飞角"不尽相同，屋顶端正严整，唯一的自由变化的是房脊内侧的小屋角。这样的屋顶我不仅在昔日"丝路之都"的西安看到过，而且在日本京都和奈良也见过，日本的一些古老城市受中国唐朝文化的强烈影响，建造的屋顶也是这样。

走得更近些，沙漠里"干打垒"城堡的错觉逐渐消散了。三个宫殿建筑均由甘肃产的奶白色石材建成。当地的石材用于建造立柱与房梁连接处的屋顶、楼梯、阳台、小桥，以及周围林荫小路的铺设。

宫殿前的广场上，几乎看不到工人，只有他们的三轮摩托车、小型拖拉机以及其他小功率的电瓶车在停放着，宫殿里面的工作正在紧锣密鼓地进行着。在最大的宫殿——会议中心里，人们戴着红色的安全帽，穿着黄色背心，在将大理石地板抛光，测试自动扶梯，从木雕上切割多余的部分，卷起巨大的地毯。我打断了一会儿石匠们的工作，了解到他们是从南部省份广东来的，在深圳就做大理石的工作。然后，我又与一个检查设备场景的电气工程师聊了聊。

—— 我们是 8 个月前从兰州来的，很高兴能够从头到尾参与伟大丝绸之路相关的历史性项目。

—— 请允许我问一下，整个工程只干了 8 个月吗？

对我的惊奇他们反而感到奇怪，年轻人笑着肯定了答案就又继续干活去了。我抓着管理者来询问，他向我和我的同伴们解释着。这个已经上了年纪但还很健壮的建设者确认工程是 2016 年第一天开工的，当时气温低至零下 20℃至零下 10℃。在夏季，工作时的气温高达 30℃—40℃。他们每天工作 16 个小时，平均睡 5 个小时就又去工地了。"我们称这为'敦煌速度'。必须承认，这么快的工期我也没见过。有时几个项目同时开工，轮班作业的达8000人！在正常情况下，每个项目，包括新机场的建设，应当在2—3年内完成。"

在回城的路上，我一直在想"敦煌速度"。也许，2000年前的建设者们也曾是如此辛苦地建成了这里的长城，他们可能也只用了10年的时间用夯土、沙子和芦苇筑成了800公里"干打垒"的城墙，甚至还有要塞、哨卡，以及烽火台。也许当年毛泽东向人民保证"苦战三年，幸福万年"说的也没有多大错。我越来越清晰地看到了"中国经济奇迹"以创纪录速度发展的根本原因，因为中国人能充分发挥他们的勤劳、智慧和创造力。是的，和这样的民族值得交朋友，值得和他们一起实现一生中最勇于创造的合作计划。

敦煌气魄

过了一个月，作为第一届丝绸之路（敦煌）国际文化博览会的顾问，我再次回到了敦煌。迎接我的是敦煌国际机场的新航站楼，当然，也是建成唐代风格。从飞机的窗口望出去时看到的平铺而矮小的建筑，此时身处其中，变得如此的宽敞，而且包括地上和地下几个楼层。对于中国来说寻常的飞翘屋顶——就像两个面对面的航空母舰，几乎要碰到跑道，立刻让人感到有一种悬停、蓄势的形象。

在等行李的短暂时间里，一位身着橙色制服衬衫戴着国际文化博览会会徽的年轻姑娘陪着我，提供了详细的内容讲解。原来，新的第三期航站楼是在八个月内以突击的速度建成的。上海建筑师将项目设计成与敦煌国际会展中心一致的风格。航站楼占地12000平方米。一年可以周转旅客96万人。起降跑道按国际分类标准改造后，敦煌国际机场飞行等级上了一个新的台阶，从4C级升至4D级。

通往酒店的路被沙漠中难得的雨水淋得湿润润的，道路两旁无数印有文化博览会会徽的彩旗迎风飘展。我们有几个小时的梳洗时间，之后，豪华轿车、大巴车从各个宾馆和酒店载着参会代表行驶在非常平坦的路上，道路两旁绿树和灌木丛显然刚种上不久。道路通向敦煌的新宫殿——敦煌国际会展中心。安检程序非常严格。每个车辆都按照挡风玻璃上贴的颜色不同的标签，停到指定的位置。那里有穿橙色衬衫微笑服务的志愿者迎接来自不同国家和组织的参会人员，以及从黑色豪华轿车走出来的各国高层领导。穿着白衬衫、戴棒球帽的年轻人彬彬有礼地站在远处，密切注视着参加首届文博会（开幕式）的嘉宾。

大多数嘉宾都是第一次来敦煌。穿着得体西装的绅士们和身着晚礼服的女士们，操着不同语言谈论着敦煌的建筑特色以及会展中心墙上的绘画和浮雕，这些元素来自伟大的丝绸之路、海上丝绸之路、洲际商路上有近1500年历史的著名城市。身着橙色衬衫的姑娘们给客人在壮观的建筑前留影纪念，或单人照或集体照，背景是夕阳映衬下的鸣沙山。

我一个月前拍照时还有的带安全网的脚手架，及其周边待种植的树木、草坪，工人们的三轮车踪迹皆无。树木种得整整齐齐，被灌溉着，草地绿油油的，宫殿之间石板铺的广场被刷洗得干干净净，似乎不止一次地被清洗。9月炙热的太阳驱赶着参会者钻进离停车场最近的国际会展中心的大楼里，这里要凉快许多，正在举行国际文化博览会开幕式的庆祝晚宴。

在宫殿里面，一切井井有条。身穿橙色衬衫的女孩和身穿白色衬衫彬彬有礼的小伙子护送着客人走到自动扶梯。迎接客人们的是另一拨年轻人——身材苗条、穿着绣满花鸟的长绸礼服的美女，以及身着黑色西装的小伙子们。他们的任务是迎接客人进入大厅。开幕式上每个代表团都有自己的宴会厅，以此避免相互干扰。

每张桌子上都放有名签。餐具是西餐式的，但旁边放着一副筷子。欧式的菜谱中增加了中国菜，主要是当地菜肴。红酒——也是当地的，甘肃生产的。一位照顾我们桌子的女服务员说，葡萄酒一般都是敦煌生产的，但领班纠正道——是武威生产的。晚饭前一直沿着墙壁站着的五六个姑娘，都是一样的身高，梳着同样的发型，穿着同样的丝绸高领旗袍，这样的服装不久前又重新流行起来，并成为中国民族服饰的象征。宴会结束后，姑娘们说，她们是从甘肃最好的餐厅被选拔出来并接受了整整两个月的培训，为的是不在世界各地的客人面前丢脸……

中国特色的芭蕾

当天晚上，等待国际文化博览会召开的客人还有一个事件——观看盛大舞剧《丝路花雨》。这是史诗般的演出，它将欧洲古典芭蕾与中国民族音乐和舞蹈的元素结合起来。舞剧《丝路花雨》已成为中国的名片。在中华人民共和国成立60周年在首都的献礼演出和北京奥运会开幕式上，以及上海世博会"甘肃活动周"上，来自甘肃省的演员都曾表演过它。该演出还到过美国、德国、英国、法国、韩国和新加坡。

六幕舞剧讲述的故事发生在敦煌莫高窟，在7世纪初，隋朝时期。

莫高窟的老画师神笔张和他的女儿英娘救起了由于缺水而昏倒在沙漠里的波斯商人伊努斯。但在途中，强盗掠走了年轻美丽的英娘。画师神笔张经过多年的寻找，终于在敦煌市场找到了女儿，但英娘已沦为百戏班子的歌舞伎。赎回女儿需要很多的钱，而贫穷的画师是没有的。这时商人伊努斯恰巧带领庞大的商队返回敦煌。伊努斯花重金赎回已经成名的英娘，父女团聚。后来，掌管贸易的市曹企图霸占英娘，英娘跟随伊努斯逃往伊努斯的家园，远离强盗和与强盗狼狈为奸的地方贪官。英娘与波斯人朝夕相处，互授技艺，结下深厚友谊。几年后，伊努斯奉命率商队使唐，英娘也相随回国。市曹唆使戏班拦截商队，神笔张点燃烽火报警救下商队，自己却献出了生命。

▼ 芭蕾舞剧《丝路花雨》

在唐皇招待各国使臣的隆重的宴会上，英娘表演了她最著名的舞蹈，之后她向皇帝控诉了市曹与强盗结伙的罪行，市曹和强盗受到惩罚，正义战胜了邪恶。

毋庸置疑，大部分的舞台背景素材都取自莫高窟的壁画，这些壁画也正是画师神笔张和他天才的团队创作的；参与演出的几十位舞蹈演员在剧中表演丝绸之路的异域舞蹈和杂技节目，他们穿的华丽服装也各式各样——有中国的、阿拉伯的、波斯的，绣花长袍、头巾、头包和士兵的铠甲、皇帝的威仪。敦煌大剧院新的舞台可以使用神奇的科技手段——舞台上的飞天，一会儿是主角在跳，一会儿又是仙女升空，激光投射出著名壁画的原图，这些正是画师神笔张的团队描绘的。

1979年创作的《丝路花雨》似乎等待着在敦煌大剧院舞台上的演出。给人的印象一次比一次强烈的是，故事情节同莫高窟一起被展开，同敦煌市一起被放大。丝绸之路沿线各族人民相互接触和相互帮助的主题，不仅与敦煌国际文化博览会的主题高度吻合，而且也高度响应了2013年习近平主席提出的"丝绸之路经济带"的倡议。

敦煌奇迹

在2016年9月20日开幕的首届丝绸之路（敦煌）国际文化博览会上，参会代表曾多次谈到"丝绸之路经济带"的倡议。敦煌大剧院观众大厅轻松容纳来自85个国家、5个国际组织和66所著名博物馆，以及世界各地其他文化机构的代表共计1500人。

中外艺术家的表演传递了来自习近平主席的问候。敦煌国际文化博览会继承了丝绸之路上有着2000多年历史的友好交往的传统，意在打造平台，促进由古今商路连接的国家与国家之间的合作与交流。在这个平台上，应该交流富有文明平等精神的文化成果，交流遗产保护领域和创新领域取得的成就。在丝绸之路上，传统与创新相互作用，使人们看到人类文明在继承传统的基础上创新发展的巨大生命力，促使我们的世界变得更加美好和平安。

▲　国画《黄河万里图》占据了会展中心的整个大厅

大约 3 个小时的典礼后，所有的代表都被邀请去参观文化珍品的展览。能展出什么呢？回答倒也容易，应有尽有。8000 多件展品，来自中国和世界 60 多个国家最好的博物馆，被分成 4 个单元：中国单元、国际单元、甘肃单元和专题单元。

我的注意力马上被《黄河万里图》吸引了。这是一幅有 220 米长、1.5 米高的巨幅全景画。感觉是无尽的环带宣纸水墨画被镶嵌在画框里，画框本身也被固定在一个很长的屏幔上，或者更像是一把梳子的构件上。画作是中国国画的绘画风格——将中国伟大的"母亲河"呈现出来，从青藏高原的源头到渤海湾的黄河入海口。在这个巨大的"几"字形奔腾的地形图上，你会看到兰州、延安、开封和曲阜。

伴随着浓厚的兴趣和不住地赞叹，我完成了几次从"源头"到"入

▲ 武威出土的"马踏飞燕"从兰州的甘肃省博物馆被运到敦煌展出

海口"的往返"旅行"。这幅画两年前开始创作，由一整队的中国传统绘画的著名大师共同完成。在序言中这样写道：我们将"中国梦"和"一带一路"的伟大精神发扬光大。事实上，关联性是显而易见的——在莫高窟壁画中可以发现大规模的佛陀"系列"生活片段。

还有另一个绘画"系列"是针对丝绸之路的。每一组多彩的绘画都在描绘丝绸之路上的主要事件或著名风景。这里是伟大的行者玄奘和他的同伴正在穿越沙漠奔赴西域，他们正在经过月牙泉和鸣沙山。

这里是隋朝皇帝隋炀帝，经过几百年的分崩离析，重新统一中国的皇帝在接见丝绸之路沿线 27 个国家的国王和使臣，举行了隆重的欢迎仪式，有一点像今天的"敦煌国际文化博览会"。画中的召见仪式并没在宫殿内，而是在露天下举行，地上铺着巨大的地毯。皇帝坐在树荫下，尊贵的客人在地毯上站成一排，手持贡品依次上前向皇帝问候。有些演员准备在帐篷附近演出，有的已经在木制平台上跳起了舞。各种商品摆在货架上，或者就直接摆在地上，戴着头巾和无边小帽的客商在解开一卷卷丝绸。画作上空绘有敦煌飞天。

这里"年轻的将军"霍去病的士兵正在痛饮皇帝赏赐的美酒。他们身后有商队行驶在不受"胡人"骚扰的商路上。在陡峭的山壁上，能看见最初的佛教洞窟。天上依然在飞舞着的飞天。

在甘肃省博物馆的藏品中，最受瞩目的珍宝当然是从武威市出土的著名青铜器"马踏飞燕"。我到兰州在博物馆里没能看到这个雕塑的真品，因为它经常在世界各地主要博物馆巡回展出。在相邻的展柜里还展出了布满铜锈的马雕塑，它们是与"马踏飞燕"同时出土的。

在宽敞的甘肃省展厅里，展出了数以百计的各个时期、在河西走廊附近各地出土的展品：有造纸术发明前普遍流行的书写竹简、各种形状和各种用途的青铜器、欢快的演员和隆重的列队护工陶俑、将军武器上的金饰、带有异域浮雕的镀金银器、畅销整个丝绸之路的中国抛光铜镜、戴着古怪帽子的大胡子客商和他们的驼队、佛像、奇迹般地保存下来的五色织锦的残片。

由于我过于专注对这些珍宝的欣赏和拍照，没注意到什么时候旁边来了一个团队，成员都穿着黑西装和白衬衫，但没有系领带。走进甘肃省展厅的是甘肃省的最主要领导人——时任甘肃省委书记的王三运。我们曾在兰州见过面，那是我在开始河西走廊之旅前的一个月。王三运书记像见到老朋友一样与我打招呼。

听到我对丝绸之路（敦煌）国际文化博览会的赞扬之后，王书记谈了他对甘肃的定位，称它为丝绸之路的“黄金段”。甘肃对于中华民族的历史价值、世界历史的价值才刚刚开始体现。这里的考古发现使我们能够支撑中国本土的“华夏文明”已有8000年之久的观点！在河西走廊、沙漠绿洲的居民中，以及贸易路线和热闹的集市里，都发生过以“黄河文明”为代表的中华原生文明、土著文明与带有宗教信仰和物质文化特色的草原文明、山区文明的相互渗透与交融。我们全省国际贸易干线长达3000里。这一交通动脉传递着珍贵的商品和来自中国、印度、希腊和伊斯兰世界多种文明的碰撞和融合。敦煌曾是在中国境内的第一站，烽火台上的烟火曾护送商队平安往返。

世界上最大的佛教文化中心的出现和璀璨千年并非偶然。水往低处流，君子与高人为伍，这些人类最优秀的代表，他们共同创造出绿洲、教育和文化。习近平主席深知中国历史、喜欢中国历史，他专门指示甘肃省复兴沿河西走廊和丝绸之路自古以来的文化交流的传统。我承认，创建敦煌国际会展中心、举办首届丝绸之路（敦煌）国际文化博览会很不容易。以后，我们希望每年都举办类似活动。两天里在"文化产业"领域签署的业务合作协议约有90份。在新的展馆和剧院基础上，今后将定期举行展览、参观。王三运说："甘肃致力于扩大与远邻和近邻的文化成果的'出口'与'进口'。历史、道德传统、生活方式和行为方式的相关知识的交流普及有助于新丝绸之路上的商业互动。"王书记友善地同我分享了他的观点。

　　只剩下半天的时间，我来不及看遍所有的展厅，只好走马观花地简单看了一下。当然，举办方为了首届敦煌国际文化博览会还是花了很多心思。即便再过几年这里也还是值得看一看。创纪录的速度建成的敦煌国际会展中心已经成为"一带一路"崇高倡议的一个组成部分，它为千年文明所创造的巨大精神财富与欧亚大陆的年轻民族所取得的成就的相互交流打下了现代化的坚实基础。中华民族伟大复兴的成就，使中国有能力倡导并承担在敦煌绿洲中向远近邻居展现物质文化和精神文化最优秀的成果，它们象征人类对美好、和平与繁荣永恒的向往。

第十章

哈　密

古丝路上的新城

到敦煌不能只来一两天。呼吸一下沙漠中清爽的空气、领略当地大自然的神奇奥妙、了解莫高窟的壁画和塑像、欣赏史诗般的表演和观看崭新的国际会展中心的展览，这趟"文化绿洲之旅"至少需要一个星期。但敦煌之旅还是有需要解决的问题，主要是交通问题。从国外到这里，没有直接到达的班机。只有中国一些大型机场才有飞往敦煌的航班——乌鲁木齐、兰州、西安……从公路开车过来，要进入河西走廊的主高速公路 G30，路很远，而兰州—乌鲁木齐的高速铁路并没有经过敦煌。

　　现代交通枢纽的重任落在了丝绸之路上的另一个古老的绿洲城市——哈密。古代的丝绸之路在敦煌就分开岔路了，南线通往阿富汗和印度，北线通向新疆，到达中亚和欧洲。哈密是这条路线上的第一个城市，在维吾尔语中叫"库木尔"（音译）。

　　去哈密我们决定不走从敦煌过来的传统路线，因为没有直达列车或飞机，而选择从敦煌飞到乌鲁木齐，再从乌鲁木齐乘坐发往哈密的高速列车。从敦煌飞往乌鲁木齐，稍事休息之后，我们就赶赴了乌鲁木齐高铁站，上火车后在舒适的椅子上坐了下来，开始穿越新疆。这里有直接到哈密的高铁，也有通向兰州的高铁。再过一两年，现在兰州和西安之间的高铁建成，可以"顺风"直接坐到北京！但是，到哈

▲　哈密市场上的哈密瓜

密我们也"一帆风顺"，只用了三个半小时。这里我又想起"沙漠之舟"
以每天 30 公里的速度沿着丝绸之路行进到这里，多么难以想象！

　　如果敦煌以石窟寺庙在中国家喻户晓的话，那么哈密闻名的是香
甜无比的哈密瓜。中国很多角落，很多餐桌上都少不了一片黄澄澄的
哈密甜瓜。哈密瓜与我们平时吃的来自中亚的甜瓜不仅色彩不同，果
肉的口感也不一样，哈密瓜简直难以形容，可以说 "入口即化"。在
新疆，还有我们熟悉的喀什甜瓜，但还是哈密绿洲生长的甜瓜被认为
最正宗。1698 年哈密王额贝都拉赴北京觐见清朝皇帝康熙，以示效忠，
在所有的贡品中康熙最喜欢的就是哈密的甜瓜。

绝无仅有的甜瓜

本地的甜瓜和西瓜陪伴我与哈密市委书记刘剑共进了晚餐。他自豪地说，几个月前，哈密正式成为新疆维吾尔自治区的一个地级市。这个定位比以前要高一级，以前的哈密是一个县级市，归哈密地区行署管辖。提高城市的行政级别是因为哈密地处新丝绸之路的要塞。用他的话说，哈密将成为继乌鲁木齐之后第二大对外开放城市，包括发展与中国西边所有国家的关系。

"在我们这里，有两条最重要的铁路干线交汇，包括乌鲁木齐至兰州的动车线。横贯欧亚大陆的'西欧—中国西部'国际公路从我们这里经过，还有几条传统公路，其中包括到敦煌的。我们有一个大型机场，我们希望它能发展到国际水平。我们最近还开设了保税区，吸引了来自新疆、甘肃、内蒙古及蒙古人民共和国一些地区的货物。我们有肥沃的土地，数百年来养育了这里的人民以及所有通过丝绸之路来到哈密的客人。我们开采的各类资源有石油、煤、铁、盐、黄金、宝石，以及对现代工业极为宝贵的钛、镍、钒、锰。"

"您从敦煌过来，那里因鸣沙山而骄傲，但我们也有会歌唱的沙丘，还有一个其他相邻的地区都没有的水库——石城子水库。"市委书记继续说道，"此外，我们还有全国著名的哈密瓜。当然，习近平主席提出的'一带一路'倡议给哈密带来了'第二次春天'。'十三五'规划（2016—2020）包含了实现'一带一路'倡议的国家规划，它开辟了提高我们竞争发展优势的战略前景。我们计划向西发展加工产业，创建金融中心，连接现有的并建设新的铁路。顺便说一句，新建的300公里长的通往蒙古国的高速公路刚刚竣工，这将有助于提高该国对丝绸之路沿线国家的出口能力。

我们最宝贵的财富——是 62 万住在哈密和两个邻县的健康、有文化的各族居民——汉族、维吾尔族、哈萨克族和回族居民。其中以汉族居民为主，占居民总人口的 69%，占城镇人口的 64%，文化教育水平较高，他们可以做更多的事情！"

清真寺各有不同

哈密人确实很优秀：脾气好、友善、好客。一个乌鲁木齐的熟人介绍我认识了一位本地朋友，他是地方党校的老师，维吾尔族，他热情地带领我们到一位维吾尔族朋友家做客。路很远，路上用了很长时间，但是沿途我们看到了很多有趣的事情。首先，我请求在路旁美丽的清真寺停一下车。两个清真寺中，一个是全新的，用浅黄色砖建成，建筑属中东风格——主建筑有穹顶，还配有四个尖塔。另一个清真寺带有几座中国式殿堂，灰黑色砖，绿色瓦片屋顶，是西安、广州那种中国最古老清真寺的传统风格。宣礼塔也是中国传统的宝塔，四层。

我们参观了这个古老的具有中国建筑风格的清真寺，恰巧碰到这里在举办婚礼，仪式的主持人在入口处的帐篷下迎接客人。男士们戴着节日的绣花帽，把他们的右手放在左胸前心脏处，迎接着也多是戴着小白帽的来宾。所有的女士，包括客人，都打扮得很漂亮。许多人的服装上都有对陕西和甘肃两省回族人民来说非常典型的彩色刺绣。一块黑色大理石碑上刻着的文字揭示了寺庙的起源——陕西大寺，建于 1892 年。1999 年，由当地政府和私人共同出资，清真寺重修。

看到一个外国人在读中文题字，一位 60 多岁的白胡子老人走近了我。他向我讲述了新疆回族的历史。4个年轻的男人，他们也戴着小白帽。原来，他们刚刚从麦加朝觐返回，于是也被吸引了过来，向我们分享他们对麦加的印象。从厨房出来透透气的厨师也想加入讨论，怎奈雨下得太大，也浇灭了我们聚在清真寺空旷院子里的热情，我们只好继续踏上去做客的旅程。

哈密绿洲食品店

车子距离市中心越来越远，房子也越变越低、越变越简单，泥砖盖的房子越来越多。在一条狭窄的、也算得上好的柏油路上，出租车和私家车之间开始越来越多地出现带车厢的三轮摩托车，车厢里站着人。我们穿过了哈密城郊，离目的地已经越来越近了。在两条街道的拐角处，我看见堆成山的哈密瓜，都堆在一个大垫子上。能否再停一下，去一趟最大的集市、拍一些水果堆成山的照片，我所有的这些请求都被委婉地拒绝了：哈密瓜的旺季是在六七月底，现在九月份都快过去了……

我没有理会同伴不满的叹气和时不时看表的动作，开始拍摄椭圆形美丽的哈密瓜，那些瓜浅绿色的瓜皮上覆盖着淡黄色的网纹。卖瓜的老板很高兴参与拍照，之后还建议拍点儿其他蔬菜和水果，然后开始热情地提供其他的蔬菜和水果。他从柜台上拿起并称赞他的绿辣椒、红辣椒、西红柿、胡萝卜、土豆、茄子、萝卜、白菜、大葱、洋葱、南瓜。西瓜、桃、梨、葡萄也得到了当之无愧的赞美。东方市场的气氛令旅行者们赞叹。稍稍讨价还价之后，我买了一些梨。但突然一阵风飘来，带来了令人振奋的新出炉的面包香味。

▲ 烤馕大师

不远处有一个烤馕作坊。一个人站在堆满馕的柜台旁，售卖着可以满足不同需求者的各种大大小小的馕，这显然是非常热销的商品。他的身后可以看到圆圆的炉子，侧面有一个半开着的门，一个女人在哄小孩。作坊上面挂着一个大牌子，上面写着维吾尔语。从牌子上的中文小字里可以得知，这里的烤馕紧紧遵循千百年来的历史配方，堪称哈密的物质文化遗产。

我咬口梨、咬口馕，边吃边往小市场里面走。旁边肉铺里第一眼看上去很严肃的那些男子原来是很友好的，也很健谈。他们挥舞着小刀，头也不抬地夸赞本地羊肉，用他们的话说，那是丝绸之路上所有羊肉中最香的羊肉。一个卖肉的老板，显然读懂了我的心思，不仅放下了手中的干活工具，甚至还在挂满羊肉的背景前给我拍了一张照片。时间还早，但抓饭的卖主已经开始往大锅里放米饭和熟的胡萝卜。陪

231

同我们的人好客地说："一定要下车尝尝抓饭！我们请所有人吃！"

再回到车上时，我突然看见一个大的干果店，这是在整个新疆都很著名的店铺。拦住我是不可能的——必须去买些苹果干。唉，碰巧这会儿没有卖主。但是，哈密瓜干、柿子干、枣干、柑橘干、无花果干，以及十几个品种的葡萄干——有黄色、蓝色、棕色，让我不忍立即离开。此外，一个小小的柜台还出售着我从未见过、也不知道名称的坚果。

热情的店铺主人得知我从俄罗斯来，立即提出要建立一个联合企业，出口"丝绸之路上最好的干果"。他很了解在俄罗斯和一些中亚国家也有很多水果适合做成干果，但是得提升质量。品尝后我确信这些商品确实品质非凡，尤其是哈密瓜干。我答应了可以考虑他诱人的提议，之后我买了很多"样品"。同样也提着大包小包上车的还有我的同伴。

哈密御花园

道路很快就从不太富有的郊区延伸到富裕的维吾尔族村落，那里有人等我们去做客。我们要参观的主人的房子坐落在一个十字路口，这时我可以看清几个相邻的庄园。这里以坚固的平房为主，房子高于抹得很整齐的院墙和刻有伊斯兰风格装饰的木门。一群充满好奇心的男孩冲向刚刚停稳的汽车。那些刚从清真寺回来的男人们，穿着长袍戴着绣花小圆帽，在看到我这个少见的外国人后，他们放缓了前行的步伐。

我们进入了房子，首先映入眼帘的是宽敞的过道，地板被刷洗得干干净净，过道那头放着宽大的木质座椅，确切说是可以坐得下三个人的帝王椅。原来，主人的家庭属于古老的维吾尔家族。他介绍说，墙上的家谱可以说明这一点。他凯西姆·尼亚兹本人属于第13代，他的祖先出生在1340年！但木质"宝座"的来历与家族七个世纪的历史没有关系，而是同家庭成员种植哈密瓜有关。

在17世纪，本地居民经受着蒙古统治者的压迫。他们不敢单独起来反抗，他们最终得到了来自清朝政府的支持，当时皇帝开始关注西部的土地。1696年叛乱的蒙古王公被打败了。当地的领导人被确定为首领。哈密的首领是回王，他有自己的税收、衙门和人数不多的军队。

第一个回王叫额贝都拉，他去北京觐见康熙皇帝，就用清朝廷没见过的哈密瓜做贡品。他抵达北京是在1698年，他忠诚地觐见，带去丰厚的贡品——甜瓜、柿子、当地著名的钢造小刀、鹿茸、草绳和羊皮。此后，每隔4年就往北京派一次使臣，贡品中必有新鲜的哈密瓜。而这些瓜都产自一个专门的"御花园"。一个非常有经验的园丁杜卡美负责此事。他成为凯西姆·尼亚兹家族承袭种瓜人身份的第一人。1911年，清朝灭亡了，但是天子奖赏给勤劳智慧的哈密人的"宝座"却被保存了下来，成为家传的宝贝，也是当地的文物。

保存下来的不仅有来自紫禁城的礼物，还有"御花园"。在离主人的房子有3里地的地方有一个哈密公园，它就是在"御花园"基础上建造的。来自全国各地的游客和选择了"甜蜜之旅"的旅游团队，通过维吾尔族建筑风格的大门，来参观"甜蜜"的哈密博物馆，在巨大的混凝土做成的甜瓜前拍照，沿着150米长的木栈道走在"哈密瓜鉴赏长亭"里，栈道的两侧都是人工挖的运河。在每年一届的"哈密瓜节"期间长亭里都要安装货架，甜瓜种植园的主人会请游客免费品尝甜瓜，争夺奖品和获奖证书。现在的"御花园"更像一个大的植物

▲ 丝绸之路上最著名的哈密瓜之园

园的热带植物室——兼具现代化的玻璃温室，以及自动灌溉系统。

　　新疆维吾尔自治区是以维吾尔族，对维吾尔这个民族的尊重不仅表现在各种题字当中，一定用维吾尔语和汉语平行对译，而且在国家出资建造的清真寺、博物馆、维吾尔文化中心内部也都有维吾尔语。回到哈密市，我们去参观木卡姆传承中心。

木卡姆——维吾尔族人民的骄傲

　　很远我们就发现了一个奶油色带有透花窗户和圆拱形入口的中亚建筑风格的圆形建筑。走到近处才发现，原来这个建筑不是圆形而是长方形的砖楼。是错觉让人感到那是一个圆形屋顶，它由八根柱子支撑，最左边和最右边的柱子都做成乐器的形状。不用说，哈密木卡姆传承中心的内部装饰也是民族传统风格：雕花柱，连着三层结构的楼梯和阳台。在通往礼堂的路上，游客们可以看到一个小的民族习俗展览。大厅装修得相当简朴。这有助于人们立即专注于现场和艺术家。

首先有八位音乐家走向观众。男士们拿着弦乐器，女士们带的是有点像铃鼓的小鼓。一个坐在椅子上的音乐人站了起来，同时站起来的还有歌手。木卡姆艺术是集歌、舞、乐于一体的综合古典音乐艺术形式。流行木卡姆的国家还有伊朗、乌兹别克斯坦、塔吉克斯坦和土库曼斯坦，其中，中国新疆维吾尔族的最有特色。联合国教科文组织于 2005 年将中国维吾尔"十二木卡姆"列入世界非物质文化遗产名录。

▼　哈密木卡姆中心

维吾尔木卡姆艺术根植于古代——专家们认为其起源于5—6世纪，而古典十二木卡姆形成于10—11世纪。在中世纪，中亚的先贤在学术著作中提到过这种乐器，包括阿利舍尔·纳沃伊（1441—1501）。

　　表演者身穿维吾尔民族服装，男士的头上是绣花小圆帽，胸口处和袖口处也都绣着花的长衬衫束在宽宽的腰带里。衬衫外面是坎肩。宽大的裤子侧面绣着花条纹，被塞进民族风格的靴子里。独奏女演员也戴着绣花小圆帽，帽子下面飘出八条小辫子——左右两侧各四条。在长长的彩色裙子外面罩着绣花外套。从裙子下面很容易看到裤子和鞋子。盛装之外他们还配有精致的耳环和手镯。

　　在演奏者的乐器伴奏下，独唱音乐家开始同时唱歌和跳舞。他们的手里拿着托盘，一个上面放着茶壶，另一个上面是茶碗。即使你不

▲ 维吾尔木卡姆——世界之最

懂维吾尔语，你也能明白，这是邀请客人去他家做客，欢迎并款待。然后，一个新的女演员开始朗诵诗歌。之后，取代她的是一对对唱歌和跳舞的其他演员。所有的动作都非常漂亮、和谐，充满维吾尔民族格调。

木卡姆演出持续很长时间，礼堂里的中国观众已经很难区分每一个演出的小节目有何不同，更何况对外国人来说。但是，当地政府对具有千年文化传统的人们精神生活的保护态度，令人印象深刻。因为丝绸之路，这里早已属于中华文明的一部分，早已顺应历史发展的轨迹，一起走进统一的国度。

缺乏信息——也是一种信息

我原指望能在哈密博物馆看到这一地区复杂历史的一些有趣的资料或展品，因为博物馆离"木卡姆文化遗产中心"只有几百米，但我的愿望落空了。

和所有博物馆一样，展览从考古学家的考古发现开始。石器时代原始人村落遗址的地图；1000 多年前的黏土器皿；在哈密附近发现的两千年前的西汉时期某个美女用过的带手柄的铜镜。也正是那时开启了丝绸之路。经过现在哈密的商队的路线在地图上被标示出来，而且地图被灯光照着。与丝绸之路相关的还有老虎图案的金匾和皇帝服装上的奇妙的银扣。隋唐时期，中国恢复了对丝绸之路的控制。青铜佛像、士兵的青铜头盔也都属于那个时代。博物馆稀少的收藏品似乎有可能增加的——在摄于此地的照片上可以看到古城堡、佛教寺庙和洞窟寺庙的遗迹，这些都有待考古学家去发掘。

至于现代生活，唯一的展品可以牵强地认为是一块很像一本书的石头，这里的"奇石馆"在中国省级博物馆里很典型，里面展出的都是在当地山区和沙漠里发现的各种奇形怪状的石头。在扁平石头的"书皮"上有五个大字："毛泽东选集"。这块"奇石"确实很像"文化大革命"期间红卫兵拿在手里整天挥舞的"红宝书"。

哈密博物馆没有展出20世纪30年代那段不长但是很重要的历史时期的有关展品，当时苏联利用古丝绸之路来运送中国军队抗击日本侵略者需要的军事装备。早在1935年苏联就开始援助中国，但是在1937年7月日本对中国开始大规模进攻后，苏联援助的力度也急剧增加。

苏联的援助通过两条路来完成。苏联的船只通过海路到达香港，以及缅甸和越南的港口，然后通过公路或铁路运输武器。使用更频繁的是另一条全长2925公里的路，从阿拉木图起，经过霍尔果斯和乌鲁木齐，沿古丝绸之路到兰州。当时的新疆还没有铁路，需要用汽车，有时候用骆驼运输枪支、弹药，以及拆开的坦克和飞机。

据苏联历史学家掌握的数据，仅从1937年10月到1939年2月间，在苏联境内铁路运送的军事辎重就有5640车厢。通过公路运往中国的军用物资有5260辆卡车。返回的车也没有空载——作为对军事援助的回报，中国发往苏联很多茶叶、皮革、毛皮、锑、锡、锌、镍、钨、红铜、丝绸、棉花、桐油和药用原料。

提供作战飞机有着尤其重要的意义，因为在战争的最初阶段，日本在空中和地面摧毁了几乎所有的中国军用飞机。在抗日战争时期，苏联提供给中国1285架飞机，其中包括777架战斗机，408架轰炸机和100架教练机。这些机器交付时未组装，之后就集中在几个工厂，哈密航空装配公司是其中的一个。据当地人讲，现在在原址上有一个航空博物馆。尽管我积极请求去一趟，但是未能成行，那里周末休息。

我曾参观过新疆和甘肃的其他博物馆，那里我看到了苏中军事技术合作的诗篇。从 20 世纪 80 年代末开始两国关系不断好转，而且从 21 世纪起就过渡到"战略伙伴"关系。我们希望重温我们两国在中国西部地区的军事合作与和平合作的美好篇章。这将有助于加强两国的信任与友谊，加快"一带一路"伟大倡议的实现。

第十一章

阿拉山口

打开通向欧洲的窗口

从哈密坐车出来，到乌鲁木齐换乘飞机，来到中国与哈萨克斯坦的边境阿拉山口，你显然不会怀疑这个通过古丝绸之路北线的交通走廊的战略重要性。与 G312 乌鲁木齐—兰州的高铁路线平行运行，这条线上蓝白色的"子弹头"列车往返奔忙着。货运列车运行得稍慢一些。铁路线附近某处埋藏在地下的有从中亚国家过来的输油管线。

很难相信，就在不久前这些干线才开始修建。1958 年才在兰州和乌鲁木齐之间铺设了第一条铁路，启动货运列车，1962 年开始客运服务。很难相信，按照俄罗斯的标准，这么一个城市——阿拉山口，有大约 1.1 万常住人口，3.2 万流动人口，以前也根本不存在。

18 世纪末在离艾比湖和阿拉套山不远的地方，有一个小村庄诞生了，这就是博乐村。当时清政府为防止"俄国的威胁"，从东北迁移大批蒙古人到此作为军事移民。1954 年，新疆西北部建立了博尔塔拉蒙古自治州（简称博州）。生活在那里的不仅有蒙古族，还有汉族、维吾尔族、哈萨克族等。现在，在自治州内，既包括博乐，也包括阿拉山口，有 35 个民族。

阿拉山口之所以得名是因为它附近有一座山叫阿拉套山，阿拉山口无论是城市的诞生还是超快的发展速度，都归功于这条通往哈萨克斯坦，继而通向俄罗斯以及其他欧洲国家的铁路。难怪，城市建立以后，在这个边境口岸的名称中有一个"口"字，"口"字众多的字意当中就有一个"窗口"的意思。最早在1990年时，阿拉山口还只是小小的"一线光"，那时中国政府决定在与当时的哈萨克苏维埃社会主义共和国的边界设立检查站。值得回顾的是，在"冷战"年代里，特别是在20世纪60年代后期到70年代初期，在这个地段的苏中边境一点都不太平，甚至有武装冲突。所以1990年第一列火车通车剪彩具有重大的意义，当时中华人民共和国领导人江泽民从北京来到这里参加了剪彩仪式。

第二年，火车开始了试运行。1992年开始繁荣起来——中国政府允许新诞生的哈萨克斯坦共和国及其他国家使用这条铁路。也就在那时，中国、哈萨克斯坦、俄罗斯、白俄罗斯、波兰、德国和荷兰这些国家实现了铁路对接，从太平洋沿岸港口城市中国连云港到大西洋沿岸港口荷兰鹿特丹的"新亚欧大陆桥"也开通了。这条路线当时还获得了第二个名字——"新丝绸之路"。1995年，铁路检查站添加了汽车检查；2006年，输油管线跨越了与哈萨克斯坦的边境线；2010年，博乐—阿拉山口航空港的开通，带来了新的"繁荣"。2012年底，当地地方志记载了一件重要事件——国务院决定成立阿拉山口市！随后，也就是在2013年9月，"一带一路"的倡议被提出，崭新的城市命中注定要变成全方位的"窗口"，它不仅面向欧洲，而且面向整个欧亚大陆。

通过"窗口"并不像想象的那么简单，在集装箱装卸站你会更加确信这一点。草原上一排长长的白色机库，一条沥青路通向那里，周围全都是车道，需要更换列车底盘或列车。

阿拉山口的这个带棚的换装库是亚洲最大的，机库里面有两个并行分支,可以并行配置两种不同标准轨距的集装箱列车,即中国及西方标准轨距(1435 毫米)的集装箱列车和俄罗斯及其他苏联国家的标准轨距(1520 毫米)的集装箱列车。其实并不复杂——龙门吊从一列火车上吊起集装箱,将其放置到另一列与其平行的火车上,只是这个程序需要很多时间。

"除了集装箱装卸,还可以改变集装箱列车下面车轮距的宽度,"站长解释道,"在边境那边的检查站'多斯托克',我们的哈萨克斯坦同行就是这么做的。但是我们决定按自己的规则操作。根据记录,2013 年重新装载 113000 个标准集装箱,之后的工作有所减少,欧洲的贸易额开始下降了。到 2014 年有 72000 个,2015 年有 85000 个标

▲ 集装箱装卸站

准集装箱（TEU），一部分集装箱没有返回。为了不空运，它们在欧洲就被出售了。但是，总体来说，我们的铁路枢纽迅速发展起来了。我们准备接受更多的货物，以响应'一带一路'的倡导，加强整个欧亚大陆的贸易和经济合作。"

一辆辆带有中国牌照和哈萨克斯坦牌照的卡车驶进和驶出"国家大门"。国门——成巨大的"门"字形，有很长的顶梁，上面悬挂中华人民共和国国徽和国家名称。在公路运输兴起后，建于1993年的"国门"被重建。现在这样的"国门"在中国所有大的边境口岸都能见到。在侧面的塔楼里有中国海关、边防站、卫生检疫等官方部门的办公室和办事处，还有商店、博物馆和为过境乘客和游客开设的其他设施。自2009年年底起，哈萨克斯坦公民可以免签到中国一日游，越来越多的人使用这个机会来中国。但中国人过境哈萨克斯坦时需要办理签证。从2006年起，每天有两趟大巴车跨越边境在"多斯托克"和"阿拉山口"间往返。自2007年起开始有定期的国际航班：乌鲁木齐—阿拉山口—塔尔迪库尔干（哈萨克斯坦城市）和乌鲁木齐—阿拉山口—卡拉干达（哈萨克斯坦城市）。

尽管脚手架有点妨碍景观，但我们还是在上面有横梁的观景台瞭望了一下周边景色。远处还是以原始的大自然景观为主——低矮的山峦、草原，可以看得见国界线——瞭望台、串拉的铁丝网。十公里开外的一小群建筑物——哈萨克斯坦"多斯托克"（"友谊"的意思）关卡。中国三层楼的瞭望塔更接近沙漠的颜色。楼前有一个具有中国传统的石头标志——在巨大的花岗岩上刻着红色的大字："中国 阿拉山口"。在塔楼后面，一对士兵把守铁门。不是摆样子，而是真正通往中国的大门。一连串红色的立方体驶向地平线，那是一列货运火

车。还能看见远去的客运列车，列车的车厢是苏式的绿色——每周两趟从乌鲁木齐经过阿拉山口至阿拉木图和哈萨克斯坦首都阿斯塔纳。整个铁路枢纽都看得清清楚楚，有很多铁道，班列就在眼前来来往往，它们正在通过"国门"。为了加快通行速度，中国几年前对车流进行了分流处理，同时简化了检查和通关手续。往对面看有一个像牌楼的银色建筑，上面镶嵌着中国国徽，写着"阿拉山口口岸"。

两洋陆港

过境、海关、铁路枢纽、汽车站以及其他服务都属于"陆港"。在整个新丝绸之路上都有或即将建有这样的港口。每个港口都有自己的定位、自己的特色。以前阿拉山口是新疆以及整个中国西部地区通向哈萨克斯坦、俄罗斯的重要"窗口"，来自中国太平洋沿岸的商品通过它被送到哈萨克斯坦和俄罗斯，进而到达更远的大西洋国家。

博尔塔拉蒙古自治州的领导接受记者采访时透露了以下数据：2015年通过"口岸"的各种商品有2.83亿吨，其中包括1.01亿吨石油，6000万吨铁矿石和3600万吨钢材和轧制品。进口和出口的货物价值达1343亿美元，报关费用达到1027亿人民币。"无论是从换装能力，还是从营业额的增长来看，在中国所有陆路口岸中，我们居首位。"

通过对其他地方领导的采访，我们得知，"陆港"是阿拉山口存在和发展的重要、但不是唯一的"支柱"。阿拉山口发展的第二个支柱是自由贸易区。

▲ 阿拉山口陆港

▲ 中国与哈萨克斯坦之间的边界、与欧亚经济共同体的边界

　　接下来我们来到一个门形建筑,题有"阿拉山口综合保税区",其前面有一个原创的设计图案:将三个集装箱摞成金字塔形,箱壁上画有行走在丝绸之路沙漠里的骆驼。没有更好的方法来体现丝路经济带以及整个阿拉山口的意义了!办公楼内,等待我们的是——说个不停的可爱的导游小姐、区域布局图,以及彩色墙板上贴着的大量彩色照片、地图、图表。

　　阿拉山口综合保税区于2011年5月经国务院批准设立,于2014年的夏天才封关开始运营。这是新疆第1个、中国第16个综合保税区。目前有13条宽轨和7条中国标准轨道的铁路专线通向这里。园区分两期建设,一期围网区5.6平方公里,几乎有120家企业入驻,二期

▲　距离莫斯科——3960 公里的铁路

占地 5.3 平方公里。在 2016 年的头 7 个月里过货量有 31 万吨，总值达 66 亿美元。

阿拉山口综合保税区包括 150 万平方米的仓储和厂房、20 万平方米的室外库房、20 万立方米的液化气储罐。这里有国际物流中心，粮油等农产品、金属和矿产品、木材、建材、日常消费品、汽车、电气产品等各类产品专门的存储仓库。综合保税区发展迅速，到第十三个"五年计划"（2016—2020）结束前，预计通货量超过 500 万吨，价值超过 600 亿美元。

光明的未来今天已经"触手可及"。坚固的欧式建筑是该市迅速发展起来的商业区，里面有保税区内商品直销中心。该中心的定位主

249

要是中小型企业代表，也给个人买家代购“样品”，其中最吸引人注意的是豪华越野车。韩国化妆品及其他消费品有几个展厅，格鲁吉亚葡萄酒有一个单独的宽敞的商店。至于俄罗斯商品，只有几个货架上在出售不同品牌的伏特加、面粉、蜂蜜、婴儿配方奶粉以及铸铁厨具。

这里还可以看到一个生产工厂。它是生产纱线的工厂，有20名中国工人和一名波兰工程师在电脑控制的现代机器上，把乌兹别克斯坦的棉花加工成纺纱厂用的成品纱。一卷卷成品堆放在托盘上，然后被送到仓库。一切都非常干净、简单、高效。

我在阿拉山口的工作日程内容非常丰富，采访当地领导人，参观已经运营的“两洋陆港”项目，这些让我印象深刻。像19世纪的美国人开发“狂野西部”一样，在“经济奇迹”年代积累了能量的中国人，鼓足干劲着手开始实现“一带一路”伟大倡议。它是将中国西北部开发为中国人生活“储备”空间的新目标、新动力。邻国要不要加入这个倡议？照我的印象，加入这个倡议，可以看清一些问题，无论在战略层面，还是在“表面”，包括在阿拉山口⋯⋯

关于这方面我同当地的一位领导有过一次充满信任的谈话。他经常出访邻国，甚至学会了俄语，因为他从哈萨克斯坦来的同事们喜欢讲俄语。“最近几年的问题变得越来越多，”我的采访对象向我抱怨道，“尽管文件上有简化免签证制度，但办理到哈萨克斯坦过境的制度还是办理个人和团体邀请手续，现在变得越来越严了。在多斯托克海关的检查也更严格了。在阿拉木图和其他城市开办公司的阿拉山口居民要经常回家，要在商店里卖货，然而那里对中国人的态度越来越不友好，甚至表现在日常生活中。但是，更重要的是，不执行公路建设的合同。经过6年的建设，从阿拉木图到阿拉山口的路况变得好多了，但问题也足够多。从阿拉木图到塔什库尔干的路很好走，是现代道路，两条车道，之后有300公里不好走的路，最后100公里简直是一种挑战，甚至对好的SUV也是如此。顺便说一句，我听说，以哈萨克斯坦边境为起点的'西欧—中国西部'国际公路俄罗斯地段，俄罗斯并不急于修建，这是真的吗？"

　　关于邻国和周边国家在实现"一带一路"倡议中所起到的作用，那天我们还谈了相当长的一段时间。最后，我们一致认为，该倡议提出后刚刚过了3年，时间很短。商务人士和官员迟早会认识到创建洲际基础设施所带来的好处，并会大力支持他们的国家领导人，因为他们能看到欧亚一体化带来的重大意义。

第十二章

霍尔果斯

成长中的城市

好的房子不能只有一个窗户。因此，中国的西面，还有第二个"窗口"，叫霍尔果斯。它位于阿拉山口以南，正对哈萨克斯坦首都阿斯塔纳和俄罗斯在西伯利亚的城市。从霍尔果斯开通的各种交通形式可以到达阿拉木图、比什凯克、塔什干和中亚地区的其他主要城市。

　　从一个"窗口"到另一个"窗口"，我们决定坐汽车过去。我们很快穿过阿拉山口市内已建的和在建的公路网，行驶到了具有当地意义的高速公路上。三个地段有理想的柏油路面、清晰的标志、指示牌和道路隔板。繁忙的公路穿过牧场，所以全程道路两侧都挡有高高的塑料网。偶尔看到白色的蒙古包，在泛黄的草原和不远处褐色山丘的映衬下显得非常突出，远处的山丘过渡到了黑黝黝的山峰，峰峦上顶着皑皑的白雪。对于一个完美和谐的自然来说只差一片水了，它们很快就出现了。

　　我们在湖边短暂停留，这个湖的名字被刻在水边的一块大石头上："赛里木湖"。"赛里木湖"是哈萨克语"祝福的海"的音译。我们不知不觉已经越过了博尔塔拉蒙古自治州的行政边界，来到了伊犁哈萨克自治州。

　　碧蓝的湖水一侧被墨绿色的云杉林守护着，另一侧倚靠着天山的群峦和白色山峰。一直长到岸边的绿草地环抱着整片湖水，哺育着牛

▲ 光滑的水面——新疆罕见的景观，赛里木湖

羊和马群。纯净的湖水、清新的空气和清澈的天空——多像一首田园诗啊！这是城市里的居民享受不到的美景，所以游客们来到赛里木湖的岸边，这里有等待他们骑到背上的马，这里为他们建起了用燃气罐供暖的蒙古包，不远处还有为他们准备的酒店也已经竣工。

从阿拉山口到霍尔果斯90公里的路段，我们遇到了几个奇迹，但已经不是自然的，而是人造的。高速公路的部分路段是沿着高山铺设的，接近峭壁。穿过高山开通了一条条隧道，还有在陡峭的山坡上架起了一座座高架桥和漂亮的缆索桥。我们中午就到了霍尔果斯，九月的阳光让我们先是脱掉外套，然后是毛衣，但在山湖边就适合穿这么多。城市给人的感觉非常年轻，它就像"一张白纸，上面可以书写最美丽的图画"。

当然，这张白纸并不是空白的——早在1881年，当时俄罗斯帝国向清朝政府归还伊犁地区，国界线就通过这里，设立了霍尔果斯关卡。中华人民共和国成立不久，1954年在新疆，像过去一样，设立了

▲ 穿越群山的高速公路

戍边屯垦区。遵照毛泽东主席的指示，成立了新疆军区生产建设兵团。而现在有 250 万名兵团人肩负着戍边维稳的任务，同时在农业生产、工业生产、贸易，甚至科技和高等教育等领域取得很大成功。霍尔果斯保留下来的 20 世纪五六十年代的建筑已经不多——边境检查站、行政大楼——看起来像一个军营。在 1990 年的照片上可以看到，在这些平房和两层楼的建筑中已经开始出现一些现代建筑——贸易会展中心、十层楼的住房。但它仍然是一个村，不是城市，特别是从它的占地面积来说。

新霍尔果斯的历史从 2014 年 6 月 26 日算起，当时国务院授予它行政市的地位。坦率地说，这种地位有点像给一个正在成长的年轻人买的一件成人服装。“一带一路”倡议给予霍尔果斯很大的发展机遇，以及为它创造了最大的优惠待遇。新疆维吾尔自治区和中央的预算显

▲　年轻的霍尔果斯城汇聚了不同时期的建筑风格

然不会忽视丝绸之路上的新城。城市主要街道两侧建起了 14—20 层
的商务中心和行政大楼。建筑大多是原创风格，看来建筑师很用心思，
成功地结合了国际和中国传统风格。与旁边的白色高层酒店平行的是
一个暗灰色的三层楼房，这座三层楼房有带有"飞檐"的青瓦屋顶，
还有一座装饰有汉白玉栏杆的小桥，在角落里还矗立着一个狮子雕像。
绿化和水是不会缺少的——这座楼房的旁边还在建设长有睡莲和鸢尾
花的池塘、花岗岩水岸和花坛的工程已经接近尾声。

有班车的自由贸易区

　　城市的主要街道通往主要商业中心。边境城市的风格尽显出来：白色混凝土拱桥"国门"上写着"霍尔果斯口岸"。在它的上方可以看见更高一点的建筑——边境和海关服务大楼。继续往前是中国—哈萨克斯坦霍尔果斯国际边境合作中心。该中心在 2012 年春天就开始投入运营，有 48 家登记企业，21 个在建的工业项目。

　　作为中华人民共和国西部第一个也是唯一一个跨境自由贸易区，中国—哈萨克斯坦霍尔果斯国际边境合作中心具有很高的地位，特别

▲ 永远没有休息日的霍尔果斯过境口岸

是对于中国游客和哈萨克斯坦的"班车族"。2015 年它接待到访游客近 400 万人！而在 2016 年上半年就有 230 万人，自由贸易区跨两国边界，但分界线看不出来。中国部分为 3.43 平方公里，哈萨克斯坦部分为 1.86 平方公里。

自由贸易区不会有对人身自由的限制，人们可以自由来往，而不必手持护照，更何况他们还要忙着购物呢。然而，不久前两国的界限被区分出来——中国方面盖起了三四层楼的商贸中心，有数十家店铺，另一个方向是空旷的沥青广场，有售货摊和售货亭，人们可以在此交易。但在 2016 年 7 月两边的建筑拉平了，哈萨克斯坦也建造了两个

▲ 不久前刚开业的哈萨克斯坦综合购物中心

贸易大楼，顾客现在并不比中国方面少。

最初你会感觉自己似乎是在俄罗斯商店：所有的标签说明都是俄文的，主要的商品是俄罗斯传统交易品——蜂蜜、伏特加酒、面粉、炼乳、套娃、望远镜。热卖的商品有黑面包、大头娃娃巧克力"Аленка"、包装盒上有克里姆林宫图案的糖果，甚至还有玻璃瓶装的格瓦斯。但是，所有这些产品通常都是在哈萨克斯坦生产的。毫无疑问，这里有戴着高高的帽子，用哈萨克语和俄语向游客问候的美女导购。

一家一家店地逛，仔细地欣赏柜台里的商品——这是购物爱好者做的事。对在跨境自由贸易区的职业购物者来说，即众所周知的"班车族"，是没有时间逛的。他们必须在免签的一天内去买完所有货物，包装好，等到晚上用过境的大巴车把它们运走。在这里，用他们的话说，"应该知道什么地方卖什么东西……"

过境的程序是很严格的，甚至不允许给检查站拍照，也不允许给其他建筑拍照，随行人员答应去"沟通协调"。我在边检站等待他们给我开具在边境拍照的许可。疲惫的人们满足地坐在包裹上。付一些小费后，"帮忙的司机"就会把众多的大包小包分散到不同线路的大巴车上运回去。太阳开始落山了，但天气仍然很热。我们羡慕地看着远去的"班车"，从大型停车场向像宝塔一样的小型建筑物的方向驶去了。那里有边境拦道杆和可以按需要升降的路栏控制。作为例外，我被允许去的地方不仅与哈萨克斯坦交界，而且还与所有的欧亚经济联盟，其中包括与俄罗斯接壤的地方。

身穿白衬衫、戴着红色党员徽章的英俊的边防中尉陪同我走到道口栏杆，让我拍了照片，照片的背景里有正在通过的重型卡车，甚至一旁还有边界标记号 No.324 和"西欧—中国西部"国际公路（高速 G30 和高速 G312）路过此地的里程碑，标记为 4814 公里。"从连云港到鹿特丹总共 10500 公里，"中尉说，"从霍尔果斯至阿拉木图有 380 公里，道路是好的，而且再往北走，到俄罗斯边境，都是高速公路。"

中尉拒绝了与其合影留念的请求，军务在身！但他赞扬了瞭望塔，中国和哈萨克斯坦双方都是按苏联模式建造的。在临别时，他带我到展板前，那里有最近几个月新建筑物的图片——新的"国门"。毋庸置疑，有了新的国门，霍尔果斯作为一个完全成熟城市的新的定位会更加被认可！

很快就会在现在"口岸"的牌楼和边境海关服务大楼的位置上建起一座宏伟的建筑——第六代"国门"！美丽的白石建筑比现在的"国门"会高出很多，看起来真的会像敞开的门，而不是像现在这样压在地面的建筑。"门"的两面会有很高的办公楼——两层是基础层，另

▲ 卡车已经越过边境，进入哈萨克斯坦境内

外五层用以办公。综合大楼的全称是:"国门—综合服务中心"。这里将有很多服务部门——文印、进出口业务、停车场、仓储。

在凉爽的、宽敞的"服务中心"办完手续后,旅客可以去一个小公园。顺着林荫路他们很快就会来到下一个美丽的白石楼——"游客服务中心",其规模很像中国大型火车站或飞机场的航站楼。这里会逐渐具备等候大厅、旅行社和运输公司办公室,以及商店、博物馆、宽敞的停车场和地下停车库。事实上,这个项目将在最短的时间内完成,毫无疑问。

霍尔果斯在成长

中国建设第二批"面向西方的窗口"并不是为了开放几年,而是几十年、几百年。霍尔果斯发展的速度是惊人的,2016 年仅过了几个月就在霍尔果斯中哈边境合作中心正式启用了新的海关大楼,更重要的是还有新的铁路检查站。6 月份,国家投资 2.9 亿美元用于建设 9 万平方公里的现代综合工业园区。当然,早在 2012 年底霍尔果斯就开通了跨国界列车。从那时起,霍尔果斯转运货物超过 40 亿美元,乌鲁木齐—霍尔果斯线旅客达 20 万人。在 2014 年,霍尔果斯转运货物 2100 万吨,次年已达 2300 万吨。在 2016 年头 8 个月转运货物 1700 万吨。

新的海关建设也充分预见到了货物流通量的增长。不幸的是,我没有拿到霍尔果斯铁路和公路检查站关于货物转运的详细统计资料,也无法预测它蓬勃发展的未来。但是,当地政府很高兴地谈论了霍尔果斯对于整个中国最重要的作用——专业化运输进口天然气。

现在,来自土库曼斯坦、乌兹别克斯坦和哈萨克斯坦的天然气管道通过霍尔果斯，2015年有305亿立方米天然气入境，近期的前景——550亿立方米。

令人骄傲的不仅有前面提到过的，还有几年前投产的汽车组装公司，也包括新的生产线。深圳博仕皓机器人科技有限公司在此开办的工厂设备调整也已完成，生产能力——每年生产10000个机器人。在2017年5月计划将工业和家用机器人（适用于办公室、学校、幼儿园）投放中国市场和丝绸之路经济带上其他国家的市场。同海路相比，霍尔果斯出口到欧洲会减少1/3的运输成本。因此，博仕皓计划在未来5—10年在霍尔果斯建立研发新车型和电子生产的集群。

不仅是交通因素，自由贸易区的优惠待遇也吸引了其他中外公司的关注。自由贸易区第一阶段于2012年开始运营。随着免税贸易区、出口加工区和免税物流中心的建立，自贸区将成为霍尔果斯产业基地的基础。事实证明了自贸区在海关检查和履行产品出口程序中效率非常高——饲料生产厂的整套设备通关的所有手续在10分钟内完成。自贸区入驻企业已经有大约100家，包括食品生产、纺织、服装、配件等。有人悄悄地告诉我，来自中国东部的公司申请提供上亿美元投资，他们还考虑建立全球配送服务的物流基地。

短暂地接触了阿拉山口和霍尔果斯，在丝绸之路经济带上中国两个最主要的"窗口"，我有一种这里的时间比别处走得快的感觉。在俄罗斯，对于是否参与中国项目，支持者和反对者还在慢慢地争论，记者和学者们会发表文章或者专著，不同部委的官员们会向克里姆林宫报告"一堆客观的困难"和"不着急"执行上一级协议的必要性。与此同时，在丝绸之路经济带上的中国部分，正在创造着新的城市、创办工业园区和研究中心、将东部沿海产能搬迁到西部。反观俄罗斯的时钟走得速度很慢，而且几乎不符合俄罗斯的长远利益。

第十三章

伊　宁

新疆的无冕之都

古城伊宁自古以来就一直是丝绸之路北线上的一个要塞。几个朝代的中国皇帝以及突厥汗国（552—630）、蒙古的察合台汗国（1222—1370）、准噶尔汗国（1675—1757）的统治者们都视它为有利可图的贸易路线上通往宝贵绿洲的重要 "门户"。伊宁市位于广阔的伊宁平原，在中亚地区的大河之一的伊犁河河畔。海洋季风给这里干燥的土地和沙漠提供了充沛的降水。

伊宁位于丝绸之路上，优越的地理位置和丰富的资源使它成为众城市之首。公元前 60 年，汉朝廷设立西域都护府，伊宁成为中国的一部分。唐初平定突厥后，这里曾先后隶属于安西都护府和北庭都护府。13 世纪成吉思汗的儿子察合台在这里建立都城忽牙思，这是伊宁第一次做首都。忽牙思人口众多，富裕昌盛，由此也产生了它的第二个名字：Улуг—иф（大城市）。平定准噶尔叛乱以后，清朝政府实际上是将伊宁变成主要据点，在那里设置了伊犁将军。1762 年，乾隆皇帝下诏：鉴于伊宁成为新疆主要城市，于那里戍边屯垦，设立总统伊犁等处将军，统管边区军政事务。伊宁往西 30 公里处至今还保存着惠远伊犁将军府及其建筑。小城堡的旁边有一条伊宁大道，大道通向西方，延伸到中国国界之外。

伊犁州富饶而且战略位置重要，它的重要城市伊宁（突厥语、哈

▲ 几百年不改容颜的准格尔大道

萨克语和维吾尔语，意思是"成年的山羊"）吸引了西方国家浓厚的
兴趣，特别是英国和俄国。欧洲旅行者和探险家在他们的报告中称伊
犁地区为"地球上的天堂"。曾经有 10 年的时间伊宁被俄国侵占，
1881 年伊犁地区才重新回归中国。20 世纪 30 年代，当中国人开始抗
击日本侵略者的时候，俄国，当时已经是苏联再次成为影响伊宁，新
疆乃至整个中国的重要力量。苏联的援助——武器、弹药、飞机和坦
克 ——能来中国的唯一一条路就是经过哈萨克斯坦的古丝绸之路，当
时的新疆还没有铁路。中国政府请求莫斯科建设适合卡车行进的道路，
从苏联的萨利—阿乔克，经过霍尔果斯、伊宁、哈密，继续沿着河西
走廊到达甘肃，铺成了约 3000 公里长的"苏援之路"。当时在伊宁
有苏联的航空学校，培养了许多中国飞行员。

在我们这个时代，当古丝绸之路正在以"丝绸之路经济带"而复兴的时候,伊宁始料未及地成了"第二角色"。辉煌的城市,现代化的伊犁哈萨克自治州的行政中心,其影响力和创新能力也仅次于在西部边境霍尔果斯和阿拉山口这两个主要"窗口"。从伊宁到边境只有90公里,难道骄傲的"地上天堂"的居民会认输吗?

新丝绸之路的支点

朝气蓬勃的伊犁哈萨克自治州党委代书记赵天杰使我明白了,我对伊宁的理解是不正确的,甚至根本不是那么回事。他毫不谦虚地称这个有50万人口的地区为"中国的明珠"。

他对我说,属于伊犁哈萨克自治州的霍尔果斯市是中国的边境前哨,它正在迅猛发展,"我们将竭尽全力保证中央'新丝绸之路上的重要窗口'计划的成功实施"。"我们必须明白,在'一带一路'倡议框架下,对霍尔果斯的发展,整个伊犁哈萨克自治州不仅负有更多的责任,而且也要提供很多机会。我们可以积极推动我们的产品进入新的市场。我们可以越来越多地吸引来自国外的投资和技术。我们可以邀请来自中国和周边国家数千名新到访者。我们有足够的能力做到这一切。"

"遗憾的是,您没有足够的时间至少欣赏一下伊犁河谷主要的自然景观。这里有一条水量充沛的伊犁河,伊宁就在这条河的河畔,我们在岸边建了一个非常美丽的自然公园。我们的城市多次被列入'中国最佳旅游城市''中国最环保城市'的名单。您知道吗?我们拥有全新疆40%的最肥沃的土地。"

赵天杰说:"遗憾的是,您没时间去总体接触一下生活在我们这里的各个民族，感受一下他们的和谐共处。您知道，47个少数民族共同构成了我们总人口的63%。人口最多的是汉族，其次是哈萨克族、维吾尔族、回族、锡伯族……在我们的学校教授7种语言的课程，其中包括俄语。"

"我们的经济在快速发展——在2015年，我们的生产总值（GDP）达1640亿元，比上年增长8.7%。在刚刚完成的'十二五'规划中，投资总额3110万元，这比上一个'五年规划'增加近4倍。我不用再报数字，发展势头真的非常好。"

"更遗憾的是，您不是物流方面的专家，否则您就能够看到伊犁州以及伊宁市的运输能力与潜力。我们新建的市火车站现在有8条铁路线通向这里。包括高速公路网已经延伸到国外——吉尔吉斯斯坦。

▼ 伊犁河——新疆主要河流

我们还有两个现代化机场。除了霍尔果斯以外，我们还有另一个过境口岸，但我认为我们需要创建新的，我们已经在考察能否在阿勒泰地区同俄罗斯的边境上建立一个现代化口岸。"

"中国创建了强大的铁路和公路网，一直延伸到边境线。但是周边的国家还不够积极，差别主要在于发展水平和金融能力。在边界的另一边经常使用的是苏联时期的旧路，甚至都没有被修复过。还是相互理解和信任程度不够。在与哈萨克斯坦、吉尔吉斯斯坦、塔吉克斯坦以及与俄罗斯的贸易中，至今还存在走私现象。我们的主管部门在号召企业家更加积极活跃地走向国外市场。机遇和挑战在任何情况下都是平衡的。我们愿意并准备成为丝绸之路上的一个支点！"

俄罗斯的精神，（古）罗斯的气息

伊宁动荡起伏的历史形成了多层文化层。这一点不仅能从当地博物馆的展厅中看出来，而且伊宁市内"活的展品"也能说明一切——这里生活着各种不同民族和不同宗教信仰的人们，人们住着各种不同建筑风格的房屋，说着各种不同的语言，穿着各种不同的服装。在今天的城市里，谁都无法让所有人过同一种模式的生活，用中国的谚语来说，"青菜萝卜，各有所爱"。对此我不仅一次地确信，一切都发生在"六星街"上。

是的，这里曾经而且现在也生活着俄罗斯人。"六星街"并不是一条街的名称，而是城市里的整个街区。从一个不大的广场向外辐射六条街道。六星街街区的信息台显示：这种不同寻常的设计是20世纪30年代中期德国设计师瓦斯里的创意。我们很快就来到了这条满是俄罗斯风格建筑的街道。这里有一排平房，红色的砖墙配着典型的俄罗斯式窗户——百叶窗，带雕花的窗框，铁皮屋顶漆成了红色。平房后面是一座二层楼，有车库和附属建筑等，像莫斯科郊外中产家庭的别墅。

我们今天第一个目的地是去俄罗斯学校，到那里所剩的时间已经很少，但我们还是受到热烈的欢迎和礼貌的邀请，不是邀请去家里做客，而是就在街上请我们坐下来吃饭。在一扇敞开着的大门前，放着一张俄罗斯风格的桌子和两个凳子。一位戴着头巾的老年妇女挥舞着铲子把食物从锅里盛到碗里。

"这是当地回族人的习俗。"同伴向我解释道，"每逢重要的家庭活动，喜事或丧事，都要免费款待所有的邻居或路人。一旦被邀请，一定要尝一尝！"食物很简单：热汤面疙瘩，香肠，肉块。这一切都很有营养，但不是很合我的口味，因为放了很多辣椒。出人意料，却很具有异国情调！

如果历数"出人意料"，那么伊宁俄罗斯学校也算是一个。它的周围都是一些俄罗斯风格的房子。崭新的三层红砖楼坐落在一个不大的院子里，周围有高高的铁栅栏。这里以前还有另一座大楼，但"文化大革命"期间俄罗斯学校被关停了，到 1985 年才恢复。学校有 200 名儿童，从一年级到六年级。平均每天上 40 分钟的俄语课，其余的课都是汉语的。

在几个年级的学生中，只有一个男孩有着斯拉夫人的外貌特点，他叫鲁列夫（音译），是一名小学五年级的学生。其他人——都是来自对俄罗斯感兴趣的家庭，他们的家长或喜欢俄语，或喜欢俄罗斯文化。老师叫阿尔吉古丽（音译），她向我列举班上孩子的民族：汉族、

▲ 伊宁市俄罗斯学校

哈萨克族、塔塔尔族、回族、维吾尔族……她教小学四年级,孩子们俄语掌握得还不是很好。大家齐声向我问候说:"老师好!"他们能回答的问题,诸如:"你叫什么名字?""你住在哪里?"学习材料是复印的,课本还不够。阿尔吉古丽和其他老师请求我向莫斯科申请资助一些教科书和其他材料。在图书馆的书架上放着许多1930—1950年间的苏联书籍,现代出版物完全没有。

俄罗斯学校里的这个快乐的小团体,他们在展望着未来,尽管在六星街街区里可能完全没有俄罗斯儿童。"新丝绸之路的发展肯定会增加人们对俄语的需求。"支持这个学校存在和发展的当地领导对老师们说道。关于这一点,参观过这所独一无二的小学的中国和俄罗斯

▲ 伊宁市俄罗斯教堂

记者们也报道过。

在传统的日程里还包括访问"亚历山大"家——亚历山大·扎祖凌。他以收藏口琴、波纹手风琴、键盘手风琴等乐器而名声大振。在两层楼的所有房间和地下室里共有 800 个收藏品！亚历山大是一个健壮的中年男子，他摆弄着满房间和地下室里的一堆堆俄罗斯的、德国的、日本的乐器，时不时地拉一拉以前在伊宁的苏联领事馆留下的手风琴，或是带铃铛的萨拉托夫手风琴……他以修理乐器为生，而他的弟弟维塔利和一个年轻的汉族妇女用父辈房子的另一半开了一家俄罗斯餐厅"Теремок"（"阁楼餐厅"）。菜单用中英文写着：汤、馅饼……

是的，在伊宁俄罗斯人并不多。在 20 世纪 30 年代，有 30 个俄罗斯家庭，现在只有 3 个。俄罗斯人增多的唯一地方是——墓地，那里也有一些中外记者和游客到访。参观从一个小教堂开始，在教堂的围墙上可以看到用铁条做成的大大的俄文字母"Православная церковь"（"东正教"）。教堂是一座白色小楼，有古典的柱廊，银色洋葱头屋顶上方有一个十字架。教堂内部的大厅更像一所公寓的大房间，墙壁上挂着手绘的和印刷的圣像，前面是一对烛台。在一个单独的小桌上放着从俄罗斯寄送过来的宗教书籍。

在俄罗斯教堂里早就没有牧师了，但是有一位老婆婆柳达，每周一次给为数不多的教区居民阅读《圣经》。这些消息是教堂和墓地的看门人（他享有市政府发的工资）告诉我的，他是一位顿河哥萨克壮汉，名字叫彼得·克拉斯洛乌索夫。在中国的俄罗斯人一直被称为"我们多民族国家的少数民族之一"。政府的惠民政策不仅包括目前的财政支持，而且还涵盖准备扩建教堂的计划，彼得·克拉斯洛乌索夫自豪地向我展示未来建设的蓝图。

在广阔的墓地里埋葬的不仅有当地居民，还包括这位哥萨克的父亲，他的墓地被照看得很好。墓碑的两面用俄语和汉语写着对死者生平的简要介绍并列出所有的后代。墓地大部分墓碑都是花岗岩的，有的坟墓上竖着歪歪斜斜的十字架，有的十字架东倒西歪地躺在杂草中。然而，克拉斯洛乌索夫知道每一个墓葬，随时可以讲述躺在地下的同胞悲伤的故事。

一去不复返的往事带给我的伤感在伊宁的另一个地方也产生了。在市中心，毗邻我下榻的全新高层酒店的建筑是苏联领事馆的旧址（在其之前，是俄罗斯帝国的领事馆）。建筑物不久前刚被修复，2009 年，市里对整套建筑予以保护，包括大约 10 座办公楼和砖砌水塔。房子的颜色涂得很奇怪：桃粉色墙壁，蓝色的门窗。除了主楼以外所有的办公室和住宅楼入口的门廊也被涂成同样的颜色。主楼成巨大的方块形，白色立柱支撑着天蓝色的门廊。入口前面摆放着两个漆成青铜色的中国传统狮子。无论是这里面还是其他建筑物内部，都没有被用作博物馆或一些其他机构。如果往窗内看，透过半开的窗帘可以看到一些桌子、衣架、花盆。

在领事馆的院子里，房子周围生长着一些杨树，而院子的入口处有一尊列宁的半身小铜像在那里欢迎着游客。铜像用汉语题字："无产阶级伟大领袖列宁（1870 年 4 月 22 日—1924 年 1 月 21 日）"。尽管最近几十年城市变化很大，但市里还保留有斯大林大街。在现在的中国，人们摒弃前嫌，携手发展，一切还都是挺感人的。

▲ 苏联领事馆已成为历史博物馆

崭新的老城

　　从 13 层的酒店窗户往外看市中心的街区，呈现的景观非常美丽。古老的伊宁，高耸的老杨树就像她满脸的皱纹。这些杨树并没有掩盖住它们的同龄人——几十年前的建筑。有一个深灰色的立方体高耸出来，它的正面悬挂着中华人民共和国国徽——那是国家机关。深灰色高层双塔建筑显然是银行和大型贸易公司。在唯一的伊斯兰风格的建筑背后是电子产品市场。与酒店并排的是一些营房，每天早上和晚上从那里传来中华人民共和国国歌的声音，以及断断续续的列队口令。

　　古老的城市被赋予了现代的特征，不仅有众多的高层建筑，还有更多建筑师雄心勃勃的计划。这里是最新的火车站。古典的圆柱围绕着高大宽敞正面朝东的窗户，上面是带檐篷的偏平屋顶，上面有汉语和用阿拉伯字母书写的维吾尔语——"伊宁"。车站里的人还不算太多，停车场也空空的。也许，等旁边的综合住宅区——现在还部分覆盖在脚手架和网布下面的10—16层的楼房建起来之后人会变得多一些。这片综合工程让我觉得有些像哈萨克斯坦首都阿斯塔纳的中心区。

　　这里有另外一片综合建筑群，突出的中亚风格让人首先联想到撒

▲ 新疆时尚的中亚风格建筑（伊宁）

马尔罕。高大的入口大门上面有中文和英文的题字"通向中亚的大门"。附近的圆柱，从远处看很像宣礼塔。所有这些都用琉璃瓦豪华地装饰着。在"宣礼塔"的下面，酒店院子的两头好像向两侧延伸的两翼——是银行、商务中心、汽车城。池塘已经蓄满水，但喷泉尚未打开。院子深处的住宅楼群是东方建筑风格，浅棕色墙体中嵌入了红砖。对于这些建筑来说，一个圆顶已经算是额外的装饰。总之，一切看起来是那么质朴、那么新鲜，非常适合这个城市的定位，这个城市几个世纪以来一直都是通往中亚的门户。但是，东方建筑真正的传统，不是体现在繁华的市中心或者如雨后春笋般新建起来的"开发区"上。

独一无二的中国伊斯兰教清真寺

伊宁回族清真大寺可谓是今天我们保存古老传统的榜样了。寺院的名称用金色的汉字嵌在黑砖砌成的牌楼上，给人一种不可磨灭的印象，在盛行建造各种尺寸、各种式样牌楼的中国，我还没有在任何地方见过类似的牌楼。中国的牌楼经常是多彩的，主要色调是红色和金色，以营造出盛大喜庆的气氛。上面画有精巧的花、鸟图案，甚至是传说或民间故事的整个场景。伊宁的牌楼是与众不同的，它严谨、庄重。牌楼的功能是"门"，有一个主入口和两个侧入口。用石头和砖砌成的厚重的建筑，上面建有中国传统的黑瓦屋顶。在主入口的两侧用金色大字写着伊斯兰教的"纯正信仰"。整个牌楼装饰着华丽的雕花拱砖，上面有葡萄、苹果、牡丹、花瓶等图案，牌楼上方装有新月。

走过这个举世无双的牌楼，展现在眼前的是主殿的祈祷大厅，还有三层宝塔——宣礼塔。主殿坐落在一个低矮的底座上，通向入口的是宽宽的白色石头楼梯。与传统的黑色牌楼不同，主殿的建筑是传统的中国风格——房檐带有"飞檐"，入口前面红色的大柱子饰以金色大字，颜色明快的画梁上画有山水、牡丹。往周围转转，可以看到一面雕花的黑色砖墙，还有一个地方，用各种花卉装饰着，其中有一些莲花和牡丹花，还有一些镶在画框里的颂扬真主的金字赞美诗。迎面的回族装饰看上去特别具有原生味道，它们由阿拉伯字母构成，但形成一种菱形组合，类似于象形文字。这样的设计我在广州、北京、西安、兰州、银川以及其他回族人聚居城市的清真寺也看到过。

▲ 伊宁回族清真大寺举世无双的大门

279

伊宁清真大寺,又名"宁固寺"和"陕西大寺",始建于1760年,当时是清政府为参加平定准噶尔汗国而浴血奋战的回族将士们修建的。据传,当时是乾隆皇帝下令建造清真寺并下拨了必要的资金。他还下令必须按照中国宫殿的风格建造。乾隆皇帝延续了唐朝皇帝的传统,唐都长安(西安)所建的中国第一座清真寺就是中国建筑风格。回族从陕西和甘肃迁到新疆以后,直到现在仍然讲着家乡的方言,从清真寺的名称上也能反映出他们对家乡的纪念。

然而,还有另外一种解释。生活在哈萨克斯坦的一位领导、东干人胡谢义·达乌洛夫向我讲道:"伊宁的清真寺是仿照西安的大清真寺建造的,西安是陕西省省会,也是中国的古都。这就是为什么它取名为——陕西大寺。有人给我讲了一个关于建造伊宁清真寺的故事。有一个工匠从陕西来,用两年的时间从事木材采伐。木头堆成了山,也没有地方放,然后又有几人去往中国南方,寻求整根的大型实木支柱,整整6个月才运到伊宁。再后来工匠开始将所有的备料拼接起来,整个建筑不用一个钉子:这个活又干了一整年!展现在伊宁回族人面前的是一座完美的、举世无双的清真寺!这样的陕西清真寺在中国许多城市都有:兰州、乌鲁木齐、银川等。有一种说法认为,西安清真寺——是龙的头部和翅膀,而爪子和尾巴延伸到整个中国……"

坚强勇敢的回族战士,经常得到军队指挥官的高度重视。在过去的三个世纪,他们参加了多场战役。在1871年与俄国军队交战;在1920—1930年间,中国各路军阀(包括东干军阀)混战,争夺对新疆的控制权;1944—1949年间的"三区革命"。

根据当地政府代表和回族人自己的讲述,现在这个少数民族登记人数35.2万人,占伊犁哈萨克自治州人口的8.3%,迎来了"黄金期"。

清真寺也迎来了好运，2010 年在市政府的财政支持下，建筑得到修复。以前被列为新疆维吾尔自治区区级文化古迹的清真寺，从 2013 年起，被列入了国家级文物进行保护。

沿着玫瑰园有一个典型的中国式"长亭"，在长亭内的椅子上休息的时候，我发现了一个有趣的细节。红色的柱子，支撑着彩绘的横梁和黑色瓦片的屋顶，从一个方向看，上面画的都是一些祝福、祈祷的图案，而从另一个方向看——都是具有爱国主义和社会主义精神的口号。在一旁休息的一位带着白帽子的男子突然站了起来，举起手，坐下来去做祷告，祈祷。他呼唤着毛拉，这里叫阿訇。几分钟后，大家就又各干各的事了，从清真寺门口走出一些在里面刚做完祷告的老年男子，他们表情都很严肃。

清真寺出口旁边的大街上，有人推车叫卖葡萄。地上并排摆放着很多雨靴和皮靴。再往前面走就是热闹的购物街出售地毯、家具、家用器皿和食品的店铺林立。老杨树下一些老头儿们在打牌。当地的"出租车"——配有沙发和华盖的运载马车——停下来等待骑车的人们通过。这个街区，就像整个伊宁一样，像伊犁哈萨克自治州一样，过着自己传统的安宁生活。

第十四章

乌鲁木齐

既古老又日新月异的城市

一些大的城市，从高处看，可以看得非常全面。就像人们都习惯于从麻雀山上欣赏莫斯科一样，对于乌鲁木齐来说最高点是红山。从红山山顶可以鸟瞰 14216 平方公里，有 350 万常住人口的城市全貌。乌鲁木齐作为新疆维吾尔自治区最主要的城市——中国发展最快的城市之一，实际上从 21 世纪起，它就已经成为中国西部之都。2013 年

▲ 乌鲁木齐灯火辉煌

提出新丝绸之路倡议以来，乌鲁木齐和整个新疆就拥有了战略意义，成为连接中国与欧亚大陆运输通道的核心区域。

在红山上可以看见镇龙宝塔，1763 年，乾隆扩建了这座城市，改乌鲁木齐为迪化，1954 年再改称乌鲁木齐。

很难想象在 18 世纪末从红塔上望出去能看到什么景色。现在眼前呈现的是 50—60 层高的摩天大楼，很像我们的"莫斯科城"。21 世纪在这些摩天"塔"后所有的高度都显得矮了，15—20 层楼高的普通住宅楼看起来都在低处了。无尽的混凝土——玻璃城在每一个方向都被城市高速路隔离开来。你稍一转头就会看到另一幅画面：在高层混凝土建筑中有几个突出的圆形屋顶，要么是体育馆，要么是购物中心。再一转弯，展现在你面前的就是山坡上的别墅群，在它们脚下可以看到一排排单调的灰色板房。天气晴朗的时候从位于市中心的红山上可以清楚地看见天山东部山脉。太阳很快下山了，公路在路灯的照射下变成了一条银河。

有备无患

如果想理解一个城市的灵魂，而不是单单记住它的全景，我想象不出有什么比徒步旅行更好的了。我第一次切身接触现代乌鲁木齐是在 2015 年 10 月。当时在宾馆的大厅我不得不接受两次安检才能通过金属探测门，然后又向管理人员详细解释了我来新疆的目的，检查人员旁边站着高大的穿着制服的男人，身穿防弹背心，腰中别着警棍。在街上几乎每一个公交站点同样也有不少穿黑色工作服的人——"他们是志愿者"，陪伴我的人向我解释道。在十字路口警车和我们的出租车在并排缓慢地行驶。

不顾同行者的劝阻,我还是来到了国际大巴扎。这个建成时间不长的商业综合体充满了浓郁的中亚风格。不是太大的购物广场两侧有对称设计的大楼,有塔楼和别致的卵形建筑。广场的尽头高耸着建成不久的中亚风格清真寺。

商业大楼内部给人的感觉不像是东方的市场,而像是西方的综合购物中心。沿着长长的高高的走廊绵延着一家家商店、小铺和柜台,售货员大部分是维吾尔族和哈萨克族人。顾客通常是汉族人,多是些游客。这两类人很容易就能从服装上辨认出来——当地妇女戴头巾,男人头戴无边绣花小帽,身穿西装,而不是穿传统的长袍。汉族人无论男女都穿裤装,头上没有任何遮盖。

买卖双方充满了和谐,感觉不到任何障碍,包括语言障碍。新疆土地上盛产的资源等待被游客买走。水果店铺的老板向挑花眼的顾客介绍哈密瓜和喀什甜瓜的区别,还有排放成一排排的西瓜、桃子、柿子、葡萄。又一个旅游团聚集在一个干果柜台前,每个人手上都拎着几个袋子,但是几十种之多的葡萄干、甜瓜干、苹果干和柿子干难免不让他们动心。仪表堂堂的干果商贩坐在柜台前的椅子上,他知道顾客一窝蜂似的关注他那些在大玻璃柜台里的商品也不会太长时间。汉族姑娘们在试彩色的头巾,而接待她们的本地人在给她们提建议。她们也不时地被隔壁柜台里的玻璃饰品和银镯子所吸引。餐具器皿店里聚集着人群,这里有各种包装的蜂蜜、烟斗以及中国人现在并不常用的大肚子搪瓷水壶。地毯商店门前的入口处铺放着五颜六色的漂亮地毯,而墙上也挂着不同的精品。戴着眼镜的严肃老人,头上考究的绣花小圆帽显然价格不菲,他正在出售那些草呀、根呀以及大玻璃罐里

▲ 繁荣与稳定必须得到保护

的各种中药原料。是的，各种颜色和花纹的无边小帽也备受关注，旁边的柜台就有出售，这里还有各种带花纹的刀具。购物广场里有太多吸引人的东西，如热乎乎的冒着香气的烤鸡肉片和涂满了红辣椒的肉，被切成一块一块的西瓜和甜瓜，还有石榴、苹果。无论什么吃的、也无论价格多贵，都可以免费品尝。

市场里热热闹闹，很少有人注意身穿迷彩军服的武警战士列队穿过市场进行巡逻。他们头戴钢盔，身着防弹背心，有的手持自动步枪，有的持盾牌和长棍。看，他们已经穿过市场向着出口走去。那里有两个身着绿色制服的警察在低声地交谈着。他们旁边有一块大理石板，上面用维语、汉语、英语和俄语写着这样的文字：军民共建友好市场纪念碑，稳定、和谐与繁荣。在乌鲁木齐你会经常见到俄语标牌，要比新疆其他城市多，比中国其他城市更多，中国大部分城市都是用英语标注。这些俄文注释不仅仅是为俄罗斯人提供的，乌鲁木齐的俄罗斯人并不多，而苏联其他加盟共和国来的人确实不少。

得益于国家预算拨款的大力支持，新疆飞快地发展，这给本地人的生活带来明显的影响。掌握汉语的维吾尔族人、哈萨克族人、回族人以及其他少数民族的杰出代表能够通过新疆的发展融入现代生活方式里。与其说他们是被现代化，更不如说他们直接被全球化，他们接触的是资源最丰富的互联网、图书和市场，掌握着最新的科学技术。但也有些人不大愿意学习汉语，主要是不想改变已经习惯了的生活方式。

从国际大巴扎出来过一条街就是城区的中心，那里是回民区。当时正在庆祝古尔邦节，我非常想去看看离这里并不远的清真寺。我的同伴拒绝与我同行，我只好一个人走。其实，街道的另一侧还是国际大巴扎，只是没有那么多的游客罢了。商品、商铺柜台都没什么不同。在这里也没有任何不满的眼神，没有任何不安的气氛。

是的，姑娘们多次做手势反对我给她们拍照，但上了年龄的妇女却很欢迎，甚至开始摆姿势。她们也都戴着头巾，她们丰满的身材被节日的盛装紧裹着，从裙子下面可见她们高高的鞋跟。男士们身着新衣服站在一旁，似乎讨论着什么重要的事情。继续往前走我抓拍了两个当地的女孩，她们看上去文绉绉的，戴着眼镜，手里抱着一摞书——一个戴着迷人的小花帽，另一个头上什么都没戴。

在清真寺附近我又发现了一个不大的市场，这里卖货的明显都是外来的、有着几乎是斯拉夫人外表的老手。有一个人穿着皮夹克，留着灰白的两撇胡和连腮胡子；另一个人没有两撇胡，但是下巴上的胡

子长长的，一缕一缕的，仿佛是列宾油画里的人物。第一个大胡子的
人在出售手镯和其他女士饰品，第二个人在推销中国人并不太习惯使
用的俄式木制雕刻小勺。两个人都不懂俄语，他们自称是维吾尔族。
我还没来得及跟他们聊几句、拍下他们的面孔，被绳子捆绑着用来祭
祀的羊就从我身旁运过来了。院子里铺着裁割好的羊皮，祭祀活动一
结束，它们就被献给清真寺——这是古老的传统。这是在院子里行走
的毛拉（阿訇）在接受我的问候之后用汉语告诉我的。

以丝绸之路艺术藏品而享誉盛名的新疆维吾尔自治区博物馆，按
照简单的工作日程表一直工作到放假前的最后一天。全新疆既按照北
京时间生活，同时也参照当地时间。关门前剩下的时间足以让我把每
一个展厅都跑一遍，看到的主要展品有：木乃伊，幻想中墓地野兽人
守护者可怕的雕像，丝绸之路上用各种民族语言写的古代手稿。真想
再回新疆一趟！

从展销会到电子贸易

这个愿望的实现比我想到的还要早。仅仅经过一年，在 2016 年
的 9 月，命运又重新给了我赴乌鲁木齐考察的机会。用普京的话说：
"我从飞船来到舞会现场"——我从第五届中国—亚欧博览会和首届
丝绸之路（敦煌）国际文化博览会直接来到了乌鲁木齐。

经过金属探测安全门，我和中国同事来到了一个非常大的展销会。
展览中心主体建筑具有"科技"的风格，16 个展厅的设计也是某种令
人习惯的、标准的样子。相反，敦煌的建筑有很纯粹的宫廷风格和崇
高的氛围，而乌鲁木齐世博会的展馆笼罩着纯粹的商业氛围。我们没

赶上开幕式,甚至没赶上专家日。橱窗前挤满了人,只有穿过人群,才能走到商贸大厅。一切都是"布朗运动",事实上有人组织的活动并不是坏事。信息亭和几百名志愿者发挥了显著的作用,有的志愿者甚至还会说俄语。在中国常见的是,人们能够在稠密的人群里干练地向前移动,奔向自己的目的地,而碰不到相邻的人,不推不撞、不踩脚,也不恶语相向。

我们决定先从新疆馆开始。这里到处都是色彩鲜艳美丽的针织品,维吾尔族、乌孜别克族和哈萨克族都以其闻名。一块块做裙子的布料,一件件节日的盛装和头巾挂在衣架上、挂在墙上,美女售货员也成了模特。中年纺织工走在机器后面,就在柜台间的过道里展示技术,在围观者的关注下织出带有传统花纹图案的麻布。这种布可以做小圆枕头,无论是汉族还是新疆本地人都喜欢这种枕头。帐篷成为出售来自伊犁——哈萨克自治州商品的店铺。服装厂的工人从伊犁州最主要的城市伊宁运来商品——半军事化的(有四个兜的)弗伦奇式的上衣,这种衣服在20世纪非常流行,现在也有需求。皮革工匠做出的皮带、钱包和皮帽子也勉强供得上卖。一对年轻夫妇正在询问挂毯的价格。这些挂毯有的是穆斯林传统图案,有的被织出地中海风景,有的是古代哲学家的肖像。卡拉库尔羊羔皮做的帽子,裘皮短上衣和女士马甲都吸引了很多人,甚至在售货廊周围排起了长队。真是见什么买什么。

在外国商品柜台前人并不是很多。这里日本、韩国、白俄罗斯的商品店铺相对比较受关注。俄罗斯商品没有店铺,但是有几个商亭在卖。比较吸引人的有琥珀屋,以及同时出售贝加尔湖珍珠和巴什基尔蜂蜜。柜台后面的售货员穿着民族盛装,但是商亭的老板是汉族人。

若想把整个展销会全都看遍,一天两天是不够的。所以我们转了两个小时就有想离开的感觉了，但是这似乎并不太容易办到。还有一个小时就要闭馆了，满载而归的一对对、一群群男女几乎同时涌向了门口。门口有免费班车可以到公共汽车站和停车场。这也是出于安全考虑。

　　当然，规模宏大而且高档的展览会，如同中国—亚欧国际博览会，并不单是为了满足中国人日益增长的购物需求。在会议大厅和办公室进行着决策人物的重要会晤，他们是能够决定商品和资金运作，决定政策的人物。那些日子来访乌鲁木齐的有全国人大常委会副委员长艾力更·依明巴海，全国政协副主席王钦敏，以及塔吉克斯坦共和国总理科希尔·拉苏尔佐达，巴基斯坦国民议会议长萨达尔·阿亚兹·萨迪克，亚美尼亚副议长埃尔米奈·纳哥达良，白俄罗斯总统办公厅副

▲　在乌鲁木齐召开的中国—亚欧博览会吸引了世界各地的游客

主任尼古拉·斯诺普科夫。有 57 个国家和地区、6 个国际组织的代表参加了这次展览和洽谈，包括联合国工业发展组织的代表。很遗憾，相应水平的俄罗斯代表团，没有参加。

俄罗斯人对“一带一路”的倡议能在新疆发挥多大作用的认识普遍不足。我们的部委、我们的地区正在错失良机，这些良机就是在今年、在这几个月、在“丝绸之路经济带”奠基的时候，各种基础设施项目被确定下来，老的基础设施被现代化改造，新的基础设施正在上马。中国将进行大量的采购和出售。这在第五届中国—亚欧博览会上显而易见。

在展销会期间共签署了 180 亿美元的合同，比上一届增长了一倍。范围涉及科学、技术、农业、矿产、能源、工业和金融。不久前创立的丝绸之路基金给各个不同的金融机构发放了 51.3 亿美元的贷款。在展销会期间来自丝绸之路沿线国家的第一家银行——巴基斯坦哈比银行开业了。

窗口变成核心

乌鲁木齐乃至整个新疆都成为我们的关注点，尤其是最近几年。中国商务部、发改委、外交部联合发布了《推动共建丝绸之路经济带和 21 世纪海上丝绸之路的愿景与行动》，提出应该很好地利用新疆作为西部窗口的地缘优势，深化同中亚、南亚和西亚国家的交流与合作，把它发展成交通、贸易、物流、文化、科学和教育中心，打造“丝绸之路经济带核心区”。

在中国，“核心”的意思就是不分散，“核心”一词对新疆来说意味着优越于新丝绸之路其他的省份——甘肃、陕西、宁夏、河南、四川和青海。新的定位预示着新疆和它的首府将获得更多的补助和优惠，将得到国家领导层更多的关注。

在与乌鲁木齐市委党校学者和当地的工作人员会面时，我得到了一些很有趣的资料。1955 年自治区的国民生产总值只有 12 亿元，到 1978 年增长到 39 亿元，但是 2014 年发生了跳跃式增长，增长到 9270 亿元，增长 116 倍！跳跃式增长还在继续——从 2010 年到 2014 年国民生产总值的增长速度达到 11.1%，比中国平均增长速度高出 2.6%。在 20 世纪 50 年代中期，城市人口只占 15%，到 2014 年前新疆的城市人口已经达到 46%。

交通运输领域发生了根本性变化。在 19 世纪末的俄罗斯和其他外国旅行者的游记里面，20 世纪 50 年代在新疆工作过的苏联专家的回忆录里面或多或少都提到了新疆的交通闭塞、道路不好的现象。贯穿整个新疆而且直达兰州的第一条公路是 1930 年应中国政府的请求由苏联红军铺设的。关于铁路的记载则完全没有。2014 年公路铺设达到 17.5 万公里，其中 4300 公里是高速公路。现在相连所有城市和乡村的道路，有 3/4 是水泥路或柏油路。沿着这些路走上几百公里，你能感受到这些路质量还是很好的。贯穿中国西部到西欧的公路将新疆的公路网提升到全球化水平。

铁路也是如此。1958 年在兰州和乌鲁木齐之间铺设了第一条铁路干线用于货物运输，而客车的开通要到 1962 年了。"新欧亚大陆桥"路线于 1992 年启动。这条干线贯穿新疆，将乌鲁木齐和哈密，阿拉山口和霍尔果斯同亚洲和欧洲几十个城市连接起来。这条货运线路虽然按照现有道路铺设，但是很多地段都进行了电气化改造，缩短了路程时间。高速铁路客运线路长达 1776 公里，2014 年开通兰州和乌鲁木齐客运高速，时间由 23 个小时缩短到 12 个小时，再过一两年将开通兰州到天水（也在甘肃省）路段，那时从乌鲁木齐到北京只需 16 个小时。新疆铁路总长度达 5760 公里。

明天始于今日

专家们就今天新疆的发展谈论了很长时间，主旨是：在中央第二次新疆工作会议上赋予新疆的使命是成为"丝绸之路经济带核心区"。新疆党委为了完成这一使命也给自己提出了"五个中心"的行动纲领：新疆成为区域性交通枢纽、商贸物流、金融、文化科教、医疗服务五大中心。与我谈话的学者很慷慨地提供了一些详细的信息，从他们那里我了解到许多有趣和有益的信息。

有一位自我介绍叫高峰的朝气蓬勃的年轻人，他是乌鲁木齐副市长，乌鲁木齐高新技术产业开发区区委书记。他一开场就直奔新疆的未来，如何实现新的"核心"定位。"众所周知，从地理位置来看，乌鲁木齐是欧亚大陆的中心，这是任何沿海各大城市无法替代的，不取决于任何人的意志。我们希望，我们有意为我们的城市增添一个新的定义——丝绸之路乃至整个欧亚高科技带的中心。我们的高新区最适合实现乌鲁木齐这一蓝图，它的全称就叫国家级高新技术产业开发区（新市区）。但是，正如谚语所讲，百闻不如一见。您哪怕明天就过来看看吧。"

明天，就明天。我们来到一座五六十层的大楼，通过宽敞的大厅，进入一个很现代化的接待大厅。热情好客的东道主滔滔不绝地向我介绍大量的信息。原来，目前的新市区是 2011 年通过将 1961 年成立的新市区与 1992 年建立的国家级高新技术产业开发区合并而成，并沿用新市区的名称。因此，组建成新区的时候，继续保留在乌鲁木齐市中心的行政大楼，还获得了新建楼附近的未开发的大片土地。乌鲁木齐两面夹山，空地很少，城市由南向北呈带状分布。"我们将继续朝这个方向发展，"高峰讲道，"我们管辖范围有 143 平方公里，居民已经达到 80 万人。"

"如何利用这些宝贵的资源？这里，我们将部分新市区内的老城区提供给进入高新区的管理部门和科研机构，在创新工业和农业的发展、法律问题、干部培训等领域的国家研究中心，国内外企业、银行、金融和商贸公司总部。目前这里还有不少的电子、光电子、精密仪器等领域的研究中心。新疆医科大学的学术中心和实验室、新疆财经大学、中国科学院新疆分院、在北京的清华大学（新疆）实验基地等都在这里。我必须承认，在一定程度上，该地区的这一部分还有'扩大的空间'，所有为实现'一带一路'倡议的新机构、研究中心来此都会有发展前景。土地足够未来几年用的。

"新市区的北部区域也是如此。有两条高速国道和其他新建道路通过这里，飞机场也在这里。我们的土地上还产生了现代产业工业园：新材料、生物技术和制药、精密仪器制造，能源和环境保护设备。我们正在通过提供场地、咨询、法律和行政支持来努力培育风险投资公司和创业公司。这里已经有一些外国专家，其中包括年轻的研究者。我们也很骄傲的是，2013 年我们在生物技术领域也有了企业孵化器。新市区的北部活跃着其他创业项目，如新金融技术中心、高新技术企业产业园区等。展望未来，我们不会忘记今天。现在我们已经向新疆的国内生产总值贡献 10%,向乌鲁木齐贡献 25%。"

新市区不是向未来进军的唯一跳板。同一天,我们也被邀请到乌鲁木齐经济技术开发区——头屯河区参观。该经济区也是建于 2011 年。2011 年 1 月,1994 年设立的国家级乌鲁木齐经济技术开发区与 1961 年建区的头屯河区合并,新区的名字太长,所以在文件和谈话中简称为"头屯河区"。人口大约 52 万,面积 275 平方公里。

云计算和电子口译

头屯河区作为新区,也在向乌鲁木齐尚未开发的方向发展,不仅向北,而且也向西北发展。它就近拥有发达的交通——高速公路、机场。此外,最主要的一个项目就是"高速枢纽"。头屯河区委书记薛继海对这个项目不能不动心。我们和他一起来到了现代化的区政府大楼,在传统的布局、色板和图表的背景前薛书记作了讲解:"目前乌鲁木齐至兰州的高速铁路将继续连接到其他站点,其中包括国外(高速铁路通常有专用铁道及特殊的站台和火车站)。高速铁路最初先到达中亚国家,然后会延伸到俄罗斯。我们将在这里建立现代化的酒店和高档住宅,商务中心和文化展览中心,科学和技术实验室及金融机构。该项目是由英国专业公司 Helkrau 集团开发的。"

似乎看透了我的想法,头屯河区领导邀请我接触一下区内正在上马的项目。我们走到一个多层建筑的一楼出口,这里遵循"一个(服务)窗口"原则,为区内各个企业和机构代办处提供服务。到达新疆软件园两个圆柱形二层楼的路并不长,它旁边是普通的多层建筑,一些楼还在建设中。形状各不相同的三四十层建筑显然是办公用楼,而 15—

20 层左右的楼是住宅楼。

尽管圆筒形建筑刚刚在 2015 年年底建成，但 "软件园"工程看不出是刚建成不久。官方称要打造"创造力与智慧之塔"，它们要拥有中国最先进的超级计算机。他们要借助于"塔下"（创智大厦）八层楼内的大型和中型计算机进入服务于全国和国内任何一个地区的全国性"计算机平台"。2010 年地方政府建造软件园，赋予它的附加任务就是激励学术中心和现代软件产业中心从中国东部区域向这里转移，并提供广阔发展空间。最近几年还向丝绸之路沿线其他国家的企业和学者提供了这些服务。向在乌鲁木齐工作的学者提供住宅，并为院士和教授提供独栋别墅。同时安置留学归国人员、地方高校软件专业的大学生和中小企业的代表。

坦率地说，给我留下最深刻印象的是对丝绸之路各民族语言的计算机同步口译的研究。在由新疆大学和科大讯飞公司研发的汉语—维吾尔语翻译软件基础上，他们又创造了其他语言翻译的统一程序：哈萨克语、藏语、蒙语、希伯来语、俄语、法语、西班牙语、印度语、乌尔都语、越南语、葡萄牙语、意大利语、德语、泰国语和英语。语言障碍对欧亚一体化进程和加快新丝绸之路建设的影响显然毋庸置疑。

假想一下，如果行者玄奘当年赴印度能随身携带电脑，他就可以直接与一个又一个民族交流了。还可以假想一下，没有翻译，马可·波罗该如何讲述威尼斯，该如何记录关于新大陆的见证呢？不久，中国边防或海关人员将配备一种能检测出外国游客持何种语言的设备。然后连接系统进行综合翻译，使双方能相互理解。外国商人与中国商业伙伴谈判无须再多带一双耳朵。来中国的客座教授无须像现在这样只

▲ 乌鲁木齐软件园的创智大厦

能持简单的英语讲课，只需说他的母语便好。神奇的计算机技术可以使国际会议以几种语言同时被传输，会议记录和文稿也会被同时翻译成多国文字。

离软件园不远还有一个云计算工业园。我没有去那里，必须承认，我脑子的这台“电脑”已经老化了，我这辈子已经无法用这些复杂的术语和其余的信息将它升级。比如，软件园的人告诉我，2015 年入驻软件园的 234 家公司创造国内生产总值 13.5 亿元。

有限的时间和体力使我无法继续观看头屯河区的其他重要部分——国际电商中心、国际服装及纺织品中心、丝绸之路旅游信息中心。我们开车途经经济技术开发区内的工厂厂房。“上海大众汽车”、“东风”（公交车）、“陕汽”（载重车）、深圳重工业工厂（挖掘

机等工程设备）的分厂。除了汽车外，与美国乔治亨氏飞机公司联合
生产的轻型飞机，以及本地企业"金风"生产的风力涡轮机，新疆机
械制造研究所试生产的联合收割机都投入了生产。

"乌鲁木齐"站，下一站——无地不站

不久，景观开始明显改变了，高层建筑都完全消失了，工业建筑
也变得越来越少，随后就开始出现大片空地。我们脚下的路通往国际
陆路口岸，这个口岸也属于头屯河区。在入口处，我们没有看到霍尔
果斯或阿拉山口那样的巨大牌楼。我们看到的是无边的空旷，有的地
方什么都没有，有的地方是铁路专用线、仓库、停在轨道的火车车厢、
一排排的装着集装箱的重型卡车和油罐车。这个景象从位于丝绸之路
未来交通枢纽中心的小山丘展开。山脚下是保存完好的房子和清真寺。
山顶上有一个小观景台，观景台内有橱窗展示丝绸之路铁路线路图和
陆路口岸发展规划图。

原来，陆港也被写进"一带、双核、多点"战略。中国人很喜欢
用数字，这一点外国人很难理解，但这还不是最难的。"一带"是
指丝绸之路经济带。"双核"是指乌鲁木齐陆港和德国杜伊斯堡内陆
港，两地之间设有一条集装箱运输线。"多点"，不言而喻——是指
其他陆路口岸和海路口岸，商品来自"双核"或运往"双核"。目前，
已经有大量集装箱和各种商品由中国七大城市之一的重庆运往乌鲁
木齐，重庆是有着 3000 多万人口的庞大的工业中心。由那里运来的
货物通过阿拉山口发往欧洲。2015 年集装箱班列有 120 列，2016 年
将超过 200 列。从 2014 年起运往离乌鲁木齐不远的阿拉木图的集装

箱班列有 101 列。还有到俄罗斯、土耳其和格鲁吉亚各城市的线路。2014 年开通了到阿拉木图、莫斯科和其他西欧城市的邮政列车。

为了进一步发展国际陆港,乌鲁木齐与杜伊斯堡港、波兰公司 PCC 联运公司、卢森堡铁路公司和几家中国运输公司联合创立投资集团。我们看到,这个名单里没有俄罗斯的参与者,尽管通往杜伊斯堡、鹿特丹和汉堡的道路甚至到伦敦的新开线路都要有数千公里经过我们的领土,用我们的干线。这未必是某种歧视。我认为,这是俄罗斯铁道部及其他机构的领导,对与中国同行积极合作和对待新丝绸之路思想的松懈态度。这显然是不正常的情况。在中国被称为西伯利亚大铁路的"亚欧大陆桥",要经过俄罗斯;从连云港,经乌鲁木齐至阿拉山口和霍尔果斯,到欧洲及中东各港口的"新亚欧大陆桥",也要经过俄罗斯。但是俄罗斯没有直接参与国际合作,自然拿不到相应的好处。

新亚欧大陆桥的路线本身也有问题。在俄罗斯、哈萨克斯坦和白俄罗斯的领土上,这些路都是苏联时代铺设的国内路线,所以道路蜿蜒曲折地通向北海和波罗的海港口。现有路线会延长中转集装箱运输时间,运输成本增加,竞争力不如通过印度洋和大西洋的海路运输。在丝绸之路项目初期,我曾提请大家注意这个问题。顺便提一句,从阿拉山口到圣彼得堡将建一条"西欧—中国西部"国际公路。这个设想已经刊登在报纸上,相关部门也已经重视。但是暂时还没有实施,也没有看到结果。

同时,中国的学者和政治家也提出了中俄之间缺少直接通信的问题。他们呼吁在俄罗斯和中国阿勒泰交界地区建立一个边境检查站。现在从新疆到俄罗斯必须通过哈萨克斯坦和蒙古,这增加了贸易的成本和难度。一位新疆伊犁哈萨克自治州的领导人，他的名字叫亚汗·赛季哈姆扎在讲话中强调："加快中俄边境检查站的建设，符合中国的国家利益、新疆的利益，以及区域整体利益。该项目可以使新疆对外部世界更加开放，将大大加强新疆北部边境地区的商业、物流和投资吸引力。"

在乌鲁木齐经常会听到人们在讲：努力发展同俄罗斯贸易、促进同俄罗斯的其他合作等。中国南方航空公司、S7航空公司都有从莫斯科到这里的直航班机。从莫斯科飞到这里有3741公里，从这里到北京有2412公里。换成火车会用很长时间，换成飞机就会很快，分别为5个和4个小时。莫斯科和乌鲁木齐，俄罗斯和中国都走得更近了，这要归功于现代通信手段。这不仅仅是逗留三天我所接触到的学者和政治家的观点。中国的商人利用这个机会给自己挣得了利润。命名为"野马"的电子商务公司就是一个很好的例子。

说俄语的普氏野马

起初我也对这种称呼感到惊讶，于是我就向年轻的经理询问它的来源。他们改变了传统的参观路线，并立即带我去了马厩。我们走在长长的林荫路上，道路的一旁摆放着奇形怪状的巨石。中国人喜欢"石头—奇观"（奇石），而且我也经常遇到他们私人收藏的，甚至博物馆收藏的奇形怪状的石头。但在另一边散放着一些从未见过的淡红色的长长的石头，其实它们是已经变成化石的树木。在南疆的沙漠地带有巨大的石化物——有的长达10米，掺杂在还活着的稀有树种之中，如野生胡杨树，它们在没有一滴水的条件下还可以生长几年。原来，

我们是走在 "生态园"里，它还包括当地自然风光的摄影和绘画的画廊。很快，林荫路把我们引向两层楼的马厩。

一个马厩有98匹马，中心马厩不是单一的建筑，它里面还包括看台和赛马场，一个游泳池和五星级酒店。马厩内一切井井有条，笼罩着舒适的气氛。在古典音乐的衬托下，每个围栏内都装有电子屏，表明动物的名称、谱系、喂养时间。绝大多数都是阿哈尔特克马。

尽管有警示标志，不要触摸马，我还是忍不住用手摸了摸帅气的白马，它用低声的嘶鸣对我表示感谢。这是野马，我们称为"普氏原羚马"。几匹矮小的马在原地待不住，它们围着牧场一圈一圈地跑，好像在练武术似的，很少见——龇龇牙，嘶鸣几声。

全世界的野马只剩下13000匹左右，其中中国有两三千匹。这些野马是从新疆的克拉玛依运过来的。向我讲解的是一位彬彬有礼的男士，头戴着牛仔帽，手腕上带着沉甸甸的金表。他是陈家三兄弟之一，是整个企业的老板，包括马厩和生态园。生态园只是用来装饰。皇冠集团包括大型商业银行、建筑公司和一个叫"野马"的电子商务公司，野马的名字取自"普氏野马"，该公司的主要业务都是同俄罗斯做的。

年轻的经理告诉我们，通过俄文网站每天有大约50笔订单。预定可以通过电话进行，全天24小时可以与俄罗斯运营商联系。供货是通过EMC、SPS和"小马快递"完成的。付款方式是通过各种网络支付系统，也可以现金支付。交货时间在俄罗斯境内为15天，到莫斯科会更快一点，一般是10—12天，到这里和到圣彼得堡的订单都是飞机运输。

我问道："'野马'害怕强大的竞争对手吗，如'阿里巴巴'及它的零售商？"

这位年轻的经理说："没时间害怕，我们需要工作和提高竞争力。我们的王牌——客户是讲俄语的，订货网站也是用俄语。此外，还有供应商的严格挑选。主要以家电、服装、鞋帽、化妆品、玩具、干果为主。生意也迅速增长。2016年头6个月的时间在俄罗斯销售额比前一年增长了三倍。我们看到在俄罗斯以外——大约有15个国家3亿人用普希金和托尔斯泰的语言的市场。因此，我们的'普氏原羚马'还有很长，很长的路要走。"

新丝绸之路——国家利益的协调

2016年9月29日，在飞往莫斯科前的几个小时，我和我的同伴被邀请到迎宾馆，见到了新疆维吾尔自治区党委副书记、自治区主席雪克来提·扎克尔。

我们按照中国的礼节分宾主落座：主人和嘉宾在最中央，后面坐的是翻译。"陪同人员"坐在"两翼"，即左右两侧，一侧是我的同伴，另一侧是新疆地方政府官员。

听了我对哈密、阿拉山口、霍尔果斯、伊宁和乌鲁木齐一行的印象，以及俄罗斯缺乏关于新疆的信息等谈话后，出生在伊宁地区的新疆维吾尔自治区主席开始娓娓道来。他从"中国梦"和"一带一路"的倡议开始讲，很快便转移到当地的问题。

"2021年前，我们必须要使山区和沙漠地区的居民完全摆脱贫困。新疆将与全国其他地区同时达到小康的水平。这意味着，有必要调动一切内部资源。我们的发展速度让人感到乐观——'十二五'期间，新疆经济的增长速度达11%,高于全国平均水平。"

"我们另一个关键的任务就是确保新疆作为多民族、多宗教省份的稳定与和谐。2012年党的十八大和习近平当选中国新一届领导人之后,我们对未来的信心更坚定了。他经常来新疆,知道我们的挑战与机遇。习近平主席提出'一带一路'的倡议,既有世界意义,也有全民族意义。新疆在这个倡议里的地位无与伦比! 我们成了'丝绸之路经济带核心区',我们将不遗余力地把新疆建设成为运输、贸易、文化、金融和医疗中心。"

"中国和俄罗斯是欧亚大陆两个最大的国家,他们承载着大陆未来最大的责任。现在建立新丝绸之路沿线的合作,其中包括中国和俄罗斯的合作,还不像我们想象的那样顺利。期待越来越多的中俄青年积极投身于两国人民的友好事业。"

"现在加速培养语言学家和了解邻国的专家成为战略任务,它影响着'一带一路'倡议与欧亚经济联盟接轨的速度,影响中俄全面战略伙伴关系的进程。新丝绸之路经济带建设符合我们两国的利益不仅意味着增加双方的发展潜力,还意味着真正的协作。我鼓励您去完成关于新丝绸之路图书的写作工作,宣传介绍新疆,不断加深中俄两国人民的深厚情谊,也欢迎您再回新疆!"

后　记

离开乌鲁木齐，离开新疆，离开中国，在归途上，这本记载我2016年有幸完成的精彩旅程的书一页一页地在我的脑海里展现出来。坐在椅子上，读着古卷和现代文章，鸟瞰着中国，要知道这次旅程是向中国的一次学习。无论你是驾车行驶在公路上还是步踏林荫，你会觉得这个国家完全超乎你的想象，你若能与这十四亿分之一的某个人聊一聊，或互投微笑，或握握手，或能在食堂同几百个人共同进餐，你会知道这个国家的人民也完全不是你想象中的那样。

我对新丝绸之路的看法也随着这次旅行而改变了。最初我一直认为，这不过是一种我们过去十几年里屡见不鲜的地缘政治的抽象概念。最近一段时间，无论是欧洲人还是美国人都提出过不少有关"丝绸之路"的项目。在饱读媒体和一些学术杂志上的这些文章之后，我开始思考，北京的提议或许可以得到物资保障或许能够实现：乘坐火车和汽车一路向西，直到莫斯科。

一年里我们穿越11000公里，从黄海岸边的连云港到与哈萨克斯坦交界的阿拉山口和霍尔果斯口岸。中国人民给自己提出的这个使命丝毫不逊色于修建伟大的长城和修造大运河。这项工程需要巨额的资金和几十年的努力，但是它给中国人民带来了新的发展机遇。既可以改变中国的交通运输系统，也将为中国通向外部世界开辟新的出路。

它将平衡工业布局,创造新的经济增长点。由于新的农业技术用于加快开发干旱和荒芜的土地,耕地将减少赤字。新的建设项目将创造数百万就业机会,将吸引年轻有为的高校毕业生到人口稀少的西北地区,这也将改善中国的人口分布状况。

在与陕西、甘肃、宁夏、新疆地区居民密切接触后,我感觉他们与内地中原人有很大不同。在这些地区土生土长的人,从外表上看,身高要高于中原地区的人。他们讲的方言也与北京人讲的普通话差别很大。甚至刚到这里的人都会很快接受当地人的生活和思维方式,以适应这里恶劣的自然环境。新疆和甘肃有一点像西伯利亚,常年严寒,但是没有西伯利亚那么多的降雪,而是缺水。这些边区都人烟稀少,日常生活困难多,交通不发达。

我也意识到,为了实现新丝绸之路最初的、可观的成就,必须确定长期的发展目标和分时间、分地区的发展步骤。通过与党和政府工作人员的交谈,我了解到与全国发展规划纲要配套的当地协调发展计划。在我看来,是飞速建设新的厂房、医疗中心、会展中心和居民住宅楼。资助这些项目的资金来源有国家、地方、民营和外企。简称为"一带一路"的四个大字,已经进入每一个中国人的脑海,已成为数以百万计西北人的重要人生憧憬。

新的丝绸之路在中国国内还有许多工作要做。统一的高速铁路网至今还没有最后建完。迫切的任务是需要重建货运专线、提升运输速度,以及铺设新的线路通往工业中心。也需要开辟与邻国边界的新的过境点。近几年出现的"新城"和"新区"、自由贸易区的工业园,不到一年就被来自华东和华南的企业所填满。与中国相邻的周边国家,首先需要从根本上恢复基础设施,之后在铁路和公路的"骨架"上,长出发展工业和商业区的"肉"。 现在中国当前的许多铁路和公路在跨过国境线之后到了国外就变成了老化的路，有时甚至没有路。所以沿线国家必须做出选择——或修补，或创建新的丝绸之路，代价或许是巨大的。

结束一年的旅程，我意识到， 我的"一带一路"战略研究才刚刚开始。该计划中最重要的部分是用语言和相机记录这个具有全球意义的中国项目。我觉得本书有助于我的同龄人从第一手资料来了解中国，同时也希望它能成为对几个世纪以来旅行者和学者们对丝绸之路历史研究的一个补充。